Befragung von Pflegekunden

Heinrich Bolz

Befragung von Pflegekunden

Zielsetzung – Inhalte – Planung – Umsetzung

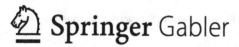

Heinrich Bolz
Stockach
Deutschland

ISBN 978-3-658-10462-7   ISBN 978-3-658-10463-4 (eBook)
DOI 10.1007/978-3-658-10463-4

Die Deutsche Nationalbibliothek verzeichnet diese Publikation in der Deutschen Nationalbibliografie; detaillierte bibliografische Daten sind im Internet über http://dnb.d-nb.de abrufbar.

Springer Gabler

Gedruckt auf säurefreiem und chlorfrei gebleichtem Papier

Springer Fachmedien Wiesbaden ist Teil der Fachverlagsgruppe Springer Science+Business Media
(www.springer.com)

Vorwort

Die Pflege hilfebedürftiger und kranker Menschen ist eine gesellschaftliche Aufgabenstellung, deren Bedeutung angesichts des kontinuierlichen Anstiegs betroffener Personen und Angehöriger zunehmend an Bedeutung gewinnt. Dementsprechend hoch sind die Anforderungen an die Pflegequalität und an die Leistungen von Pflegeeinrichtungen. Das bestehende Bewertungssystem des Medizinischen Dienstes der Krankenversicherung (MDK) ist nach Ansicht von Experten nicht mehr geeignet, ein aussagefähiges Urteil über die Qualität von Pflegeeinrichtungen abzugeben, weil es keinen zuverlässigen Qualitätsvergleich unterschiedlicher Einrichtungen ermöglicht (vgl. Laumann 2015). Es ist zu erwarten, dass zukünftig auch Patienten bei der Bewertung von Pflegeeinrichtungen stärker berücksichtigt werden als bisher. So plant der Beauftragte der Bundesregierung für die Belange der Patientinnen und Patienten sowie Bevollmächtigter für Pflege, Staatssekretär Karl-Josef Laumann, einen Verbraucherleitfaden für die Suche nach einer geeigneten Pflegeeinrichtung herauszugeben. *Laumann* begleitet diese Absicht mit den Worten: „Ich möchte die Bürgerinnen und Bürger ermutigen, in die Einrichtungen hinein zu gehen und die richtigen Fragen zu stellen." (Laumann 2015)

Bei meinen Überlegungen und Recherchen für das Buch „*Pflegeeinrichtungen erfolgreich führen -Organisationskultur zwischen Marktorientierung und Berufsethik*" (Bolz 2015) bin ich in der Literatur mehrfach auf Hinweise gestoßen, wie wichtig Patienten- und Bewohnerbefragungen sind, um die Pflegequalität aus Sicht der Patienten und ihre Zufriedenheit mit der Pflegeeinrichtung insgesamt festzustellen. Das Informationsangebot für Pflegepersonal über die Planung und Umsetzung einer solchen Befragung ist jedoch überschaubar und eher dürftig. Einerseits gibt es wissenschaftliche Abhandlungen über die Konzeption einer Befragung, die häufig sehr umfangreich und für den Praktiker im Pflegealltag schwer verständlich sind. Die entwickelten Fragebögen sind dabei nicht selten auf eine spezielle Art von Versorgungseinrichtungen zugeschnitten.

Andererseits lassen sich im Internet durchaus Muster für Patientenbefragungen finden, bei denen eine Vielzahl unterschiedlicher Fragen zusammengetragen ist. Oftmals wird ganz allgemein die Ermittlung der Patientenzufriedenheit als Zielsetzung der Befragung in den Vordergrund gestellt. Dabei entstammen die einzelnen Fragen den unterschiedlichsten Themenbereichen. Es ist durchaus anerkennenswert, dass sich die jeweiligen Autoren die Mühe machen, ihre Erfahrungen auch anderen interessierten Personen zugänglich zu machen. Kritisch ist jedoch anzumerken, dass die Auswahl der konkreten Frageninhalte häufig nicht begründet wird. Die bloße Zusammenstellung lässt zumeist nicht erkennen, warum ausgerechnet *diese* Fragen von Bedeutung für die Bewertung der Pflegequalität aus Sicht der Patienten sind. Allgemeine Folgerungen für die Patientenzufriedenheit daraus zu ziehen, ist unter methodischen Aspekten als höchst problematisch anzusehen. Viele dieser Fragebögen weisen bei der Formulierung und im Aufbau zudem methodische Mängel auf, welche die Auswertbarkeit und somit die Aussagekraft des Befragungsinstrumentes beeinträchtigen.

Wenn die Ankündigung des Staatssekretärs im Bundesgesundheitsministerium Wirklichkeit wird, müssen Pflegeeinrichtungen in zunehmendem Maße damit rechnen, dass sich Pflegebedürftige und ihre Angehörigen mit einem qualifizierten Fragenkatalog vorab informieren. Es ist deshalb ratsam, dass sich Pflegeeinrichtungen darauf vorbereiten. Dies kann in wirksamer Weise nur dann geschehen, wenn sie bereits jetzt damit beginnen, die Qualität der eigenen Pflegeeinrichtung aus Patienten- und Angehörigensicht kritisch zu hinterfragen.

Die vorgetragene Situation hat mich dazu veranlasst, einige wichtige Überlegungen zusammenzutragen, die bei der inhaltlichen und organisatorischen Planung und Umsetzung einer Patientenbefragung berücksichtigt werden sollten. Das Buch soll eine leicht verständliche Anleitung geben, um Qualitätsmanagementbeauftragte und Führungskräfte in der Pflege dabei zu unterstützen, eine brauchbare und aussagefähige Befragung zu entwickeln. Es soll eine Brücke schlagen zwischen hoch wissenschaftlichen Abhandlungen einerseits und eher ‚intuitiv' zusammengestellten Fragebögen, die ohne fundierte inhaltliche Begründung und nicht selten mit methodischen Mängeln frei zugänglich im Internet angeboten werden.

Auf diese Weise will das Buch ebenfalls einen Beitrag leisten, die Wettbewerbsfähigkeit und Patientenorientierung von Pflegeeinrichtungen zu stärken und ihre Qualität auch aus der Sicht einer zunehmend kritischen Öffentlichkeit weiter zu entwickeln und darzustellen.

Literatur

Laumann K-J (2015) Endlich gute Pflege erkennen - Neues Konzept für den Pflege-TÜV. http://www.patientenbeauftragter.de/index.php/11-pressemitteilungen/pflege/80-endlich-gute-pflege-erkennen-neues-konzept-fuer-den-pflege-tuev, Zugegriffen 13.05.2015

Bolz H (2015) Pflegeeinrichtungen erfolgreich führen – Organisationskultur zwischen Marktorientierung und Berufsethik. Springer Gabler, Wiesbaden

Inhaltsverzeichnis

Einleitung

1

Die Frage, ob und inwieweit die Bedürfnisse und Erwartungen ihrer Kunden befriedigt und erfüllt werden, ist für jedes Unternehmen ein wichtiger Erfolgsfaktor. Aufgrund des ansteigenden Bedarfs an Pflegeleistungen in den kommenden Jahren ist davon auszugehen, dass eine kunden- und marktorientierte Unternehmensführung auch für Pflegeeinrichtungen zu einem immer wichtigeren Wettbewerbsfaktor wird.

Patienten, Bewohner und Angehörige stellen für Pflegeeinrichtungen eine maßgebliche Informationsquelle dar, um die Akzeptanz ihrer Angebote und erbrachten Leistungen zu ermitteln. Es ist deshalb naheliegend, sie bei der Einholung von Informationen über die Pflegeleistungen einzubeziehen. Der überwiegende Teil der pflegebedürftigen Menschen wird zu Hause versorgt. Patienten werden häufig von Familienmitgliedern oder gesetzlichen Betreuern unterstützt, wenn es um die Auswahl einer Einrichtung, die Festlegung von pflegerischen und hauswirtschaftlichen Leistungen, die Beschaffung von Hilfsmitteln oder um die Koordination der laufenden Zusammenarbeit mit einer Pflegeeinrichtung geht. Angehörige nehmen somit nicht selten Einfluss auf Entscheidungen über die Versorgung ihrer hilfebedürftigen Familienmitglieder und über weitere Leistungen der Einrichtung. Oftmals sind diese Personen anwesend, wenn die Pflege durchgeführt wird. Pflegende sind häufig auch auf die Mitwirkung Angehöriger angewiesen, wenn die Pflegebedürftigkeit

© Springer Fachmedien Wiesbaden 2016
H. Bolz, *Befragung von Pflegekunden,*
DOI 10.1007/978-3-658-10463-4_1

ein bestimmtes Ausmaß erreicht hat (vgl. Schrank 2004, S. 36 f.).
Aus den genannten Gründen sind Angehörige ebenfalls eine wichtige Bezugsgruppe, die Auskunft über die empfangene Unterstützung
durch die Pflegeeinrichtung und über die wahrgenommene Qualität
der Pflege geben können. Ein Großteil der Überlegungen und Ausführungen in diesem Buch lässt sich somit ebenfalls auf die *Angehörigen* der Patienten oder Bewohner übertragen.

> ▶ Aus marktorientierter Sicht handelt es sich deshalb sowohl
> bei Patienten und Bewohnern als auch bei deren Ange-
> hörigen um *Kunden* der Pflegeeinrichtung. Um diesen
> Aspekt bei der Betrachtung von Patientenbefragungen zu
> berücksichtigen, wird im Folgenden zusätzlich zum Begriff
> des **„Patienten"** auch der Begriff des **„Pflegekunden"** ver-
> wendet. Dementsprechend werden in den Ausführungen
> sowohl die Bezeichnungen **„Patientenbefragung"** und
> **„Befragung von Pflegekunden"** verwendet.

Die Pflege als Teilbereich des Gesundheitswesens hat in den vergangenen zwei Jahrzehnten erheblich an Bedeutung gewonnen. Eine
wesentliche Ursache liegt in der Zunahme pflegebedürftiger Menschen. Dementsprechend ist das Interesse innerhalb der Bevölkerung
für diesen Bereich der gesundheitlichen Versorgung angestiegen.
Dies mag dazu geführt haben, dass Pflegetätigkeit *einer zunehmend
kritischen Öffentlichkeit* ausgesetzt ist. Dabei wird das Ansehen des
Pflegeberufs innerhalb der Bevölkerung durchaus positiv bewertet.
Kritisch betrachtet und demzufolge auch eher negativ eingeschätzt
werden die aktuelle Arbeitssituation, die Pflegequalität in den Einrichtungen sowie die beruflichen Möglichkeiten für Pflegekräfte
(vgl. Isfort 2013, S. 1085). Eine besonders in der Boulevardpresse
tendenziell eher emotionale und problemorientierte Berichterstattung führt dazu, dass Missstände oder auftretende Fehler zum Teil
undifferenziert und spektakulär aufgearbeitet werden. Dagegen wird
über gelungene Pflegeleistungen weniger aufsehenerregend berichtet (vgl. Isfort 2013, S. 1082, 1085).

▶ Die Befragung von ambulanten Patienten oder Bewohnern einer Pflegeeinrichtung bietet die Möglichkeit, die Qualität der Pflegeeinrichtung aus Sicht der Befragten bewerten zu lassen. Auf diese Weise kann die Einrichtung selbst dazu beitragen, ihr Image unabhängig von der veröffentlichten Meinung und Berichterstattung gegenüber den Patienten und der Bevölkerung positiv zu beeinflussen.

Mit dem *Patientenrechtegesetz* sind die Verpflichtungen medizinischer Leistungserbringer für eine umfassende Information und Aufklärung des Patienten juristisch verankert worden (vgl. BMG 2014). Eine angestiegene Patientensouveränität führt dazu, dass die Sicherstellung der Behandlungsqualität im Rahmen definierter Prozesse, sowie ihre Darstellung gegenüber den Patienten immer wichtiger werden.

Die zunehmende Bedeutung einer integrierten Versorgung von Patienten bringt es mit sich, dass sowohl *Führungskräfte* als auch *Pflegepersonal die Bereitschaft und Fähigkeit entwickeln, bestehende Prozesse und Verhaltensweisen zu verändern* und die daraus erforderlichen Folgerungen für die tägliche Arbeit zu ziehen. Vorhandene Prozesse und Gewohnheiten zu reflektieren und ggf. zu ändern, erfordert *Flexibilität* und *innovationsorientiertes Denken und Handeln.*

▶ Eine Befragung von Pflegekunden kann Ansätze liefern, das eigene Handeln zu hinterfragen und falls erforderlich zu verändern.

Weitere Herausforderungen für Pflegeeinrichtungen ergeben sich aus den hohen fachlichen Ansprüchen, deren Einhaltung in Form externer Qualitätsprüfungen regelmäßig kontrolliert wird. In diesem Zusammenhang sind sowohl die beruflichen Fähigkeiten als auch die Motivation der Mitarbeiter/-innen ein entscheidender Faktor für die Qualität und den reibungslosen Ablauf der erbrachten Pflegeleistungen.

▶ Eine Befragung von Pflegekunden bildet eine sinnvolle Grundlage für die Vorbereitung auf externe Überprüfungen und die Feststellung eines Qualifizierungsbedarfs im Rahmen der Personalentwicklung.

Gut durchdachte und geplante Befragungen können einen wesentlichen Beitrag leisten, die aufgeführten Anforderungen zu erfüllen. Es ist das Ziel der folgenden Ausführungen, Pflegeeinrichtungen dabei zu unterstützen, eine Befragung von Pflegekunden systematisch zu planen und umzusetzen.

Dafür ist es zunächst erforderlich, dass sich die Verantwortlichen die ethische, gesellschaftliche und marktbezogene Bedeutung einer Befragung, sowie ihren Stellenwert im Rahmen des Qualitätsmanagements für die eigene Pflegeeinrichtung bewusst machen. Ein wesentlicher Teilschritt besteht sodann in der Festlegung der Ziele, die mit der Befragung von Pflegekunden erreicht werden sollen, und der begründeten Auswahl der relevanten Befragungsinhalte (Kap. 2).

Für die inhaltliche Verständlichkeit einer Befragung aus Kundensicht, sowie für ihre Aussagefähigkeit und Auswertbarkeit durch das Qualitätsmanagement, sind bei der Formulierung von Fragen bzw. Aussagen innerhalb des Fragebogens einige Regeln zu beachten. Diese Thematik wird in Kap. 3 näher beleuchtet.

Kapitel 4 widmet sich weiteren organisatorischen und formalen Überlegungen, die bei der Vorbereitung und Durchführung einer Befragung von Pflegekunden berücksichtigt werden sollten.

Wesentliche Überlegungen und Planungsschritte für eine Befragung werden in Kap. 5 zu einem Planungskonzept zusammengefasst. Das Planungskonzept kann als Grundlage für die Vorbereitung, Umsetzung und Steuerung des gesamten Prozesses einer Befragung hinzugezogen werden.

▶ Das vorliegende Buch ist mit der Zielsetzung entstanden, Führungskräften und Verantwortlichen für das Qualitätsmanagement in Pflegeeinrichtungen eine Hilfestellung für die Erarbeitung einer Patienten-, Bewohner- oder Angehörigenbefragung zu bieten. Inhaltliche, planerische, organisatorische und methodische Grundlagen für die Konzeption einer Befragung werden verständlich aufbereitet. Das Buch richtet sich auch an Personen, die aufgrund ihrer beruflichen Tätigkeit oder Ausbildung nicht über fundierte sozialwissenschaftliche Kenntnisse für die Konzeption einer Befragung verfügen. Es soll ihnen eine Hilfestellung geben, im Rahmen ihrer anspruchsvollen Aufgabe als Führungskraft, als Qualitätsmanagementbeauftragte oder im aktiven Pflegedienst auf einfache Weise eine Befragung zu planen und umzusetzen. Somit leistet das Buch ebenfalls einen Beitrag, um den zeitlichen, personellen und finanziellen Aufwand für eine Befragung möglichst nutzbringend im Sinne ethischer, qualitätsorientierter und wirtschaftlicher Ziele einer Pflegeeinrichtung auszurichten.

Zusatzmaterialien zum Buch
Zu den im Buch aufgeführten Inhalten gibt es eine Dateisammlung mit Zusatzmaterialien, die separat direkt beim Autoren bezogen werden können.
Inhalte der Zusatzmaterialien:
Die Zusatzmaterialien enthalten eine Beispielsammlung mit ca. 250 Items und dazu passenden möglichen Antwortskalen. Mit Hilfe der Itemsammlung lassen sich schnell und einfach aussagefähige Fragebögen mit unterschiedlichen Befragungszielen und zu verschiedenartigen Themengebieten erstellen.
Weiter enthalten die Zusatzmaterialien vier Beispiele für begleitende Anschreiben an die befragten Pflegekunden.

Zusätzliche Textbausteine ermöglichen die Entwicklung eigener Anschreiben mit allen erforderlichen Bestandteilen.

Für die Erfassung und Auswertung der Befragungsergebnisse werden im Buch verschiedene Tabellen vorgestellt, die mit einem Tabellenkalkulationsprogramm erstellt werden können. Die Tabellen sind ebenfalls in den Zusatzmaterialien enthalten. Die entsprechenden Formeln sind bereits vorprogrammiert, so dass die rechnerische Auswertung der eingetragenen Befragungsdaten automatisch erfolgt.

Die wesentlichen Inhalte des Buches sind zu einem Planungskonzept für eine Befragung von Pflegekunden zusammengefasst. Die Datei mit dem Planungskonzept ist in den Zusatzmaterialien enthalten und kann als Arbeitsmittel für die Vorbereitung, Umsetzung und Steuerung des gesamten Prozesses einer Patientenbefragung hinzugezogen werden.

Die Zusatzmaterialien können direkt unter der E-Mail-Adresse: „e-mail@heinrichbolz.de" bestellt werden.

Literatur

BMG (2014) Bundesministerium für Gesundheit (Hrsg) Informiert und selbstbestimmt-Ratgeber für Patientenrechte. https://www.bundesgesundheitsministerium.de/fileadmin/dateien/Publikationen/Praevention/Broschueren/130627_PRB_Internet_pdf_neu.pdf. Zugegriffen: 13. Mai 2015

Isfort M (2013) Der Pflegeberuf im Spiegel der Öffentlichkeit. Bundesgesundheitsblatt. (56, Online publiziert: 18. Juli 2013). Springer, Berlin, S 1081–1087

Bedeutung und Ziele einer Befragung von Pflegekunden

2

▶ Eine wichtige Aufgabe im Rahmen der Vorbereitung besteht darin, diejenigen Ziele zu definieren, die die Pflegeeinrichtung mit der Befragung verbindet. Die verfolgten Ziele sind zum einen ausschlaggebend für die Auswahl der Befragungsinhalte (vgl. Mehmet 2011, S. 195). Weiterhin folgt aus den Zielen, in welchem Teilbereich einer Pflegeeinrichtung (z.B. Ambulante Pflege, Stationäre Pflege, Tagespflege usw.) die Befragung stattfinden soll und welcher Personenkreis (Patienten, Angehörige oder Betreuer) befragt werden soll. Die Ziele sind letztlich auch ausschlaggebend dafür, in welcher Hinsicht die Befragungsergebnisse im Rahmen des Qualitätsmanagements ausgewertet werden und welche Konsequenzen für die Betreuung der Patienten und die Gestaltung der Pflegeprozesse gezogen werden. Nicht zuletzt sind die mit einer Befragung verbundenen Ziele auch richtungsweisend für die vorherige und nachträgliche Information der Befragten, der Mitarbeiter der Pflegeeinrichtung sowie der Öffentlichkeit im regionalen Umfeld der Pflegeeinrichtung.

Die folgenden Ausführungen dieses Kapitels zeigen die Bedeutung einer Befragung von Pflegekunden aus ethischer, gesellschaftlicher und marktorientierter Perspektive sowie aus der Sicht des Qualitätsmanagements auf. Dabei

© Springer Fachmedien Wiesbaden 2016
H. Bolz, *Befragung von Pflegekunden,*
DOI 10.1007/978-3-658-10463-4_2

wird auch die Verschiedenartigkeit der möglichen Ziele deutlich, die mit einer Befragung verbunden sein können. Sie lassen sich in die vier nachstehend genannten Zielkategorien zusammenfassen:

- *Ethisch begründete Zielsetzungen*
- *Zielsetzungen, die für das Qualitätsmanagement wichtig sind*
- *Zielsetzungen, die die Führung der Mitarbeiter und der Organisation betreffen*
- *Marktorientierte Zielsetzungen bzw. Marketingziele*

2.1 Befragung von Pflegekunden aus ethischer Sicht: Patienten- und Mitarbeiterorientierung

2.1.1 Patientenorientierte Unternehmenskultur

Aus ethischer Sicht ist die Reflexion der Handlungen von Führungskräften und Pflegemitarbeitern von Bedeutung, ob und in *welcher Weise die Erwartungen und Wünsche der Patienten im Rahmen ihrer gesundheitlichen Versorgung berücksichtigt werden.* Ebenso ist der Wille der Patienten maßgeblich, im Rahmen der gesundheitlichen Versorgung als gleichberechtigte Partner anerkannt zu werden. Fragen der Selbstbestimmung und Mitwirkungsmöglichkeit bei der Planung und Durchführung der Versorgung von Patienten rücken somit in den Vordergrund. Als gleichberechtigte Partner möchten Patienten und ihre Angehörigen informiert werden und bei der Wahl der Behandlungsmethode eigenverantwortlich mitbestimmen. Patientenorientierung ist – aus ethischer Sicht betrachtet – ein eigenständiger Wert (vgl. Pfaff et al. 2009, S. 32).

Die Umsetzung einer patientenorientierten Unternehmenskultur, zu deren wesentlichen Merkmalen die Sicherstellung der Patientenzufriedenheit gehört, kann als eine wichtige Zielsetzung von Patientenbefragungen angesehen werden. *Patientenzufriedenheit* bezeichnet eine Einstellung, die sich aus einem abwägenden Vergleich

zwischen den Erwartungen an die Leistung und der tatsächlich emp-
fangenen Leistung sowie dem subjektiven Erleben einer Leistung
ergibt (vgl. Zinn 2010, S. 43; vgl. in Bezugnahme auf den allge-
meineren Begriff der Kundenorientierung: Stock-Homburg 2009,
S. 26 f.). Maßgebliche Einflussfaktoren sind nicht allein die Qualität der Leistungen und Produkte, sondern auch die Art und Weise
der Interaktion mit dem Unternehmen (vgl. Stock-Homburg 2009,
S. 26 f.). Patientenorientierung im Sinne einer optimalen Befriedi-
gung von Patientenbedürfnissen setzt voraus, sich intensiv mit den
Bedürfnissen der Patienten zu beschäftigen, diese zu erkennen und
entsprechend zu handeln.

**Bedeutung einer Patientenbefragung für die Patientenorientie-
rung aus ethischer Sicht**
Eine Patientenbefragung kann hier wertvolle Unterstützung leisten, indem die Bedürfnisse und Erwartungen der Patienten systematisch ermittelt werden. Sie gibt Aufschluss darüber, ob und
inwieweit in der Pflegeeinrichtung den Erwartungen und Bedürfnissen der Patienten oder Angehörigen entsprochen wird. Sie
kann Informationen beisteuern, die dabei helfen, Handlungen,
Arbeitsweisen oder vorhandene Einstellungen hinsichtlich ihrer
Patientenorientierung zu reflektieren. Damit ist sie ein wesentlicher Baustein für die ethisch begründete Führung einer Pflegeeinrichtung. Eine Pflegearbeit, die sich an den Bedürfnissen und
gleichsam ethischen Prinzipien wie dem Selbstbestimmungsrecht
oder der Fürsorge orientiert, ist förderlich für die Entwicklung
einer patienten- bzw. kundenorientierten Organisationskultur.

2.1.2 Selbstbestimmung und Mitwirkungsmöglichkeit von Patienten

Obwohl Fragen der Selbstbestimmung und Mitwirkungsmöglichkeit von Patienten in der Öffentlichkeit einen bedeutenden

Stellenwert einnehmen, herrschen in vielen Gesundheitseinrichtungen noch Einstellungen, die mit dem Begriff des „Paternalismus" (Großklaus-Seidel 2002, S. 49) bezeichnet werden können. Derartige Einstellungen sind dadurch gekennzeichnet, dass sie *die Selbstbestimmung des Patienten der Fürsorge von Pflege und Medizin unterordnen*. Eine vorwiegende Orientierung und Qualitätsbeurteilung der Behandlung an medizinfachlichen Kriterien kann dazu führen, dass Patientenwünsche weniger ernst genommen werden (vgl. Hoefert und Härter 2010, S. 14). So konkretisiert sich die Frage der Autonomie von Patienten im Pflegealltag oft an Detailfragen wie: Soll der Patient seine Mahlzeiten zu vorgegebenen Zeiten einnehmen, auch wenn er es nicht will? Darf ein tumorkranker Patient sein übliches Glas Wein nach dem Abendessen einnehmen, auch wenn im Krankenhaus Alkoholverbot besteht? Möchte ein Patient sich selbst waschen oder lieber gewaschen werden? Autonomie wird bei alten, schwachen oder schwerkranken Patienten oftmals gar nicht vermutet, „sodass fürsorgende Pflege oft Entscheidungen fällt, die ihr aus ethischer Sicht nicht zustehen." (Großklaus-Seidel 2002, S. 50). Kundenorientierung äußert sich hier in dem Umfang, in dem die Wünsche der Patienten berücksichtigt werden. Die gleichen Überlegungen lassen sich auch auf Angebote übertragen, die über die eigentliche medizinische bzw. pflegerische Versorgung hinausgehen. So spricht auch unter ethischen Aspekten nichts dagegen, wenn Patienten bestimmte Wahl- oder Serviceleistungen angeboten werden, soweit ihr Gesundheitszustand ihnen die freie Entscheidungsmöglichkeit dafür einräumt. Gerade in Situationen einer hohen Pflegebedürftigkeit oder eines fortgeschrittenen Alters können Wahlmöglichkeiten auch ein Ausdruck der Anerkennung der Persönlichkeit des Patienten sein (vgl. Großklaus-Seidel 2002, S. 49 f.).

Patientenbefragungen als Instrument der Mitwirkung von Patienten und Angehörigen

Systematische und wiederholte Patientenbefragungen geben den Patienten und ihren Angehörigen die Möglichkeit, Einfluss auf die Geschehnisse in der Pflegeeinrichtung zu nehmen. Sie senden zugleich ein deutliches Signal, dass die Führung und die Mitarbeiter der Pflegeeinrichtung Wert darauf legen, dass die Patienten über einen wesentlichen Bereich ihres Lebens mitbestimmen können und sollen.

2.1.3 Verantwortung von Führungskräften und Mitarbeitern für Patientenzufriedenheit

Eine kundenorientierte Grundhaltung von Pflegepersonal ist nicht nur wünschenswert, sondern eine Erwartung, die auch von offizieller Seite gefordert wird. Eine wichtige Grundlage dafür ist z. B. die Pflege-Charta (vgl. BMFSFJ 2015). So zeigt sich Kundenorientierung z. B. in den Bemühungen, ein den Bedürfnissen der Kunden entsprechendes Leistungsangebot anzubieten. Auch wenn die Voraussetzungen dafür bei Patienten unterschiedlich geartet sein dürften, soll nach den Ausführungen der Pflege-Charta die Pflege – sofern dies im Einzelfall möglich ist – gemeinsam mit den Patienten, ihren Angehörigen und Vertrauenspersonen abgestimmt werden und zielgerichtet erfolgen (vgl. Pflege-Charta Modul 1 2014 Broschüre, S. 14). Ein weiterer wichtiger Aspekt der Kundenorientierung besteht in der Verantwortung der Mitarbeiter für die Kundenzufriedenheit. Hierzu wird zum Artikel 4 der Pflegecharta ausgeführt, dass von Mitarbeitern in der Pflege erwartet wird, auf Kritik und Anregungen von Patienten schnell und einfühlsam zu reagieren. Patienten sollen zeitnah darüber informiert werden, was hinsichtlich einer Beschwerde unternommen wurde oder geschehen wird (vgl. Pflege-Charta Modul 1 2014 Broschüre, S. 16). Als wesentliches Element personaler Kompetenz von Führungskräften in der Pflege wird in der Pflege-Charta hervorgehoben, dass diese „eine konsequent kundenorientierte Einstellung entwickelt haben und diese glaubhaft vorleben." (Pflege-Charta Modul 4 2010 INQA Gute Führung in der Pflege, S. 7).

Patientenbefragungen als Ausdruck der Verantwortungsübernahme für das Wohl der Patienten

Die Durchführung von Patientenbefragungen, ihre Auswertung sowie die Umsetzung daraus resultierender Maßnahmen sind geeignete Mittel, mit denen Führungskräfte und Mitarbeiter ihrer Verantwortung für das Wohl des Patienten und eine kundenorientierte Führung und Arbeitsweise nachkommen können. Auf diese Weise wird eine Grundlage geschaffen, um eine ethisch begründete, patientenorientierte Pflege zu planen und durchzuführen.

2.1.4 Vertrauensaufbau zwischen Patienten, Angehörigen und der Pflegeeinrichtung

Patientenbefragungen dienen darüber hinaus dem Ziel, *Vertrauen* zwischen Patienten bzw. deren Angehörigen und der Pflegeeinrichtung aufzubauen. Der Wunsch nach Vertrauen ist aus Patientensicht eine wichtige Komponente der Beziehung zur Pflegeeinrichtung. Patienten, die sich in die Obhut einer Pflegeeinrichtung begeben, möchten deren Mitarbeitern, die stark in ihre Privat- und Intimsphäre eindringen, vertrauen können (vgl. Wingenfeld 2003, S. 17).

Vertrauensaufbau durch Patientenbefragungen

Allein die Durchführung einer Patientenbefragung signalisiert bereits ein Interesse an der Meinung der Patienten. Wenn die Ergebnisse der Befragung Verbesserungsmöglichkeiten aufzeigen und den Patienten und deren Angehörigen mitgeteilt werden, unterstreicht dies die Ernsthaftigkeit der Bemühungen für eine qualitätsorientierte Pflege. Damit wird der Aufbau von Vertrauen gefördert.

2.1.5 Mitarbeiterorientierung und Motivation

Aus ethischer Sicht ist Mitarbeiterorientierung ebenfalls von großer Bedeutung. Mitarbeiterorientierung erkennt man primär daran, welche *Wertschätzung* ihnen entgegengebracht wird. Die Zusammenarbeit unterschiedlicher Hierarchieebenen gründet auf Vertrauen, und Mitarbeiter werden als Schlüssel zum Erfolg betrachtet (vgl. Diller 2001, S. 992; Hinterhuber 1997, S. 240; Pümpin 1992, S. 97). *Mitarbeiterorientierung ist kein Selbstzweck.* Es geht nicht primär darum, einen möglichst angenehmen oder „stressfreien" Arbeitsalltag zu schaffen. Aus Sicht der Unternehmensführung verfolgt Mitarbeiterorientierung das Ziel, das Interesse der Beschäftigten an der Arbeit zu steigern sowie ihre kreativen Fähigkeiten und ihr Leistungsvermögen besser für das Unternehmen zu nutzen. Für Pflegeeinrichtungen ist dieser Aspekt deshalb von großer Bedeutung, weil die Arbeitsleistung der Pflegenden der wichtigste Erfolgsfaktor ist (vgl. Jürgens 2009, S. 53). Fehlende, unqualifizierte oder nicht motivierte Mitarbeiter wirken sich nachteilig auf das Unternehmensergebnis aus. Hingegen übertragen Personen, die durch eine Kultur der Mitarbeiterorientierung motiviert werden, ihre Begeisterung für das Unternehmen auch auf Kunden und beeinflussen die Kundenbeziehungen dadurch positiv. Zufriedene Mitarbeiter fördern durch kundenorientiertes Verhalten und ihre Ausstrahlung somit unmittelbar die Zufriedenheit ihrer Kunden (vgl. Stock-Homburg 2009, S. 22, 38, 102 f.).

Auswirkungen von Patientenbefragungen auf die Mitarbeitermotivation

Vor dem geschilderten Hintergrund kann die *Motivation der Mitarbeiter* als eine weitere wesentliche Zielsetzung von Patientenbefragungen betrachtet werden. Viele Pflegende identifizieren sich voll mit ihrem Beruf (vgl. Isfort 2013, S. 1084), möchten Spaß bei ihrer Arbeit haben und ihre Aufgabe möglichst gut zum

Wohle ihrer Patienten erfüllen. Motivierte Mitarbeiter, die in die Vorbereitung, Umsetzung und Auswertung von Patientenbefragungen eingebunden sind, können dabei erleben, dass sie wirksame Maßnahmen für eine Steigerung des Patientenwohls und der Patientenzufriedenheit ergreifen können. Sie werden ihre Arbeit voraussichtlich *zufriedener, engagierter und mit mehr Spaß* verrichten. Dadurch steigt die Identifikation mit dem eigenen Unternehmen, so dass sich gute Mitarbeiter gebunden fühlen und die *Fluktuation abnimmt.*

2.2 Befragungen von Pflegekunden aus gesellschaftlicher und marktorientierter Sicht

2.2.1 Kritische Öffentlichkeit

Nach vorliegenden Prognosen wird die Anzahl pflegebedürftiger Menschen bis zum Jahr 2030 von heute ca. 2.3 Mio. auf ca. 3.4 Mio. ansteigen, bis zum Jahr 2050 werden ca. 4.5 Mio. Pflegebedürftige erwartet (vgl. Rothgang et al. 2012, S. 13). Für die Bedeutung von Patientenbefragungen sind jedoch nicht allein die Pflegebedürftigen, sondern ebenfalls deren Angehörige oder Bekannte eine wichtige Personengruppe. Sie üben bei der Auswahl einer Pflegeeinrichtung und bei Entscheidungen über zusätzliche Pflegeleistungen häufig einen großen Einfluss aus.

Pflegetätigkeit ist einer zunehmend kritischen Öffentlichkeit ausgesetzt. Dabei wird das Ansehen des Pflegeberufs innerhalb der Bevölkerung durchaus positiv bewertet. Kritisch betrachtet und demzufolge auch eher negativ eingeschätzt werden die aktuelle Arbeitssituation, die Pflegequalität in den Einrichtungen sowie die beruflichen Möglichkeiten für Pflegekräfte (vgl. Isfort 2013, S. 1085). Eine besonders in der Boulevardpresse tendenziell eher emotionale und problemorientierte Berichterstattung führt dazu, dass Missstände oder auftretende Fehler zum Teil undifferenziert

und spektakulär aufgearbeitet werden. Dagegen wird über gelungene Pflegeleistungen weniger aufsehenerregend berichtet (vgl. Isfort
2013, S. 1082, 1085).

Infolge der zunehmenden Transparenz gesundheitlicher Leistungen durch moderne Informationstechnologien (Internet) und Infor-
mationsangebote ist es für Patienten und ihre Angehörigen leichter,
sich über Gesundheitseinrichtungen und ihre Leistungen zu informieren (vgl. Lohmann 2012, S. 144, 148). Patienten können Gesundheitsleistungen und Preise aktiv vergleichen und sich bewusst
für einen Leistungsanbieter entscheiden. Die angestiegene Patientensouveränität führt dazu, dass die Sicherstellung der Behandlungsqualität im Rahmen definierter Prozesse, sowie ihre Darstellung
gegenüber dem Patienten von immer größerer Bedeutung werden.

Im Rahmen von Qualitätsprüfungen des Medizinischen Dienstes
der Krankenversicherungen (MDK), die durch das Sozialgesetz-
buch vorgeschrieben werden, sind Befragungen der Pflegebedürftigen ausdrücklich vorgesehen, sofern die Personen ihr Einverständnis dazu geben (vgl. SGB XI, Elftes Kapitel, § 14a Abs. 3, Stand
21.07.2014). Dadurch wird dem Patientenurteil auch aus Sicht des
Gesetzgebers ein großer Stellenwert eingeräumt. Die Meinung der
Patienten fließt somit ebenfalls in die allgemeine Qualitätsbeurteilung von Pflegeeinrichtungen ein.

**Patientenbefragungen als Instrument des konstruktiven Dia-
logs mit der Öffentlichkeit**

Vor dem geschilderten Hintergrund können Befragungen von
Pflegekunden ein wirksames Hilfsmittel sein, die Versorgungsqualität der Pflegeeinrichtung zu untersuchen, zu verbessern und
die Ergebnisse dieses Prozesses im Dialog mit den Patienten,
deren Angehörige und anderweitiger Interessengruppen zu kommunizieren. Darüber hinaus sind sie ein wirksames Mittel zum
Nachweis der eigenen Leistungsgüte und Qualitätsbemühungen
gegenüber einer kritischen Öffentlichkeit.

2.2.2   Der Patient als Kunde

Seit mehreren Jahren ist der Begriff des *„Pflegekunden"* auch in der Alltagssprache in Pflegeeinrichtungen gebräuchlich. Dies kann als Ausdruck dafür gesehen werden, dass Patienten nicht mehr allein in Ihrer Rolle als Hilfsbedürftige und Leidende betrachtet werden, sondern zugleich als Personengruppe, von der die Pflegeeinrichtung eine entsprechende monetäre Gegenleistung erhält, die für ihre Existenz überlebensnotwendig ist. Mit der Dauer der Patientenbetreuung wandelt sich die Rolle des „leidenden Patienten" oftmals in das eines „erwartungsgesteuerte(n) Kunden" (vgl. Mühlbauer 2005, S. 316), der neben der pflegerischen Leistung auch auf andere Leistungen wie persönliche Zuwendung oder umfassende Entlastung Wert legt. Infolge der zunehmenden Transparenz gesundheitlicher Leistungen ist es für Patienten und ihre Angehörigen heutzutage leichter, sich über Gesundheitseinrichtungen und ihre Leistungen zu informieren (vgl. Lohmann 2012, S. 144, 148). Patienten können Gesundheitsleistungen und Preise aktiv vergleichen und sich bewusst für einen Leistungsanbieter entscheiden.

Aus den genannten Gründen ist es wichtig, die Erwartungen, Meinungen, Einstellungen und Präferenzen von Patienten zu kennen. Patientenbefragungen bieten eine Möglichkeit, herauszufinden, inwieweit die Leistungen der Pflegeeinrichtung den Erwartungen der vorhandenen Patienten entsprechen. Die gewonnenen Erkenntnisse ermöglichen es, das Leistungsangebot auf die Patienten abzustimmen (vgl. Pfaff et al. 2009, S. 31) und *Hinweise auf neue Leistungsangebote* zu erhalten. Patienten können sich unmittelbar dazu äußern, ob sie mit der Art der angebotenen Leistungen und Betreuungen zufrieden sind, oder ob sie zusätzliche Angebote in Anspruch nehmen würden, auch wenn sie dafür bezahlen müssten. Aufgrund der Häufigkeit der Nennungen lassen sich Rückschlüsse ziehen, inwieweit ein zusätzliches Leistungsangebot wirtschaftlich interessant wäre. Dies brächte *zusätzliche Einnahmen* und würde die wirtschaftliche Situation der Pflegeeinrichtung verbessern.

Patientenbefragungen als Marketinginstrument für Kundengewinnung und Kundenbindung

Unter dem Aspekt der Patientenzufriedenheit und des Vertrauensaufbaus ist zu erwarten, dass eigene Befragungen *positive Auswirkungen auf das Image* der Pflegeeinrichtung in der Öffentlichkeit und in der Wahrnehmung der eigenen Patienten haben. Indem sich die Bemühungen für eine Steigerung des Patientenwohls herumsprechen, wird voraussichtlich eine positive ‚Mund zu Mund-Propaganda' erzeugt. Dadurch wird die *Attraktivität der Pflegeeinrichtung* für vorhandene und potenzielle zukünftige Patienten und deren Angehörige im Vergleich zur Konkurrenz gesteigert, was wiederum zu einer erhöhten Patientenbindung und einer *Absicherung der Einnahmen* beiträgt. Zufriedene Patienten, die Vertrauen zu ihrer Pflegeeinrichtung aufbringen, verursachen aller Erwartung nach *auch weniger Unannehmlichkeiten* durch die Art und Weise, wie sie auf mögliche Fehler reagieren oder wie sie etwaige Kritikpunkte vortragen, bevor es zu einer formellen Beschwerde kommt.

2.2.3   Wettbewerbsorientierung und Differenzierung

In Deutschland existieren nach Angaben des Statistischen Bundesamtes ca. 25.000 Pflegeeinrichtungen, die sich je zur Hälfte auf Pflegeheime und ambulante Pflegedienste aufteilen. Sie befinden sich entweder in privater, freigemeinnütziger oder öffentlicher Trägerschaft, wobei die größten Gruppen von den privaten (ca. 12.700) und freigemeinnützigen Trägern (ca. 11.100) gebildet werden (vgl. Statistisches Bundesamt 2014). Die Anbieter konzentrieren sich primär in städtischen Bereichen, wobei sich auch in kleineren Ortschaften nicht selten mehrere Einrichtungen finden. Wettbewerb besteht sowohl zwischen gleichartigen Anbietern, als auch zwischen ambulanten und stationären Pflegeeinrichtungen (vgl. Jürgens 2009, S. 53 f.). Aufgrund der hohen Fixkosten von Pflegeeinrichtungen (Personal, Fuhrpark) ist davon auszugehen, dass sich die Rivalität in Zukunft weiter verstärken wird (vgl. Jürgens 2009, S. 50).

Aus Sicht der (potenziellen) Kunden lässt sich die Wettbewerbssituation zwischen Pflegeeinrichtungen so charakterisieren, dass sich die eigentlichen Pflegeleistungen der Konkurrenten, wie z. B. Körperpflege oder Hilfe bei der Nahrungsaufnahme, kaum voneinander unterscheiden (vgl. Jürgens 2009, S. 47). Nachfrager tun sich deshalb oft schwer, ohne eine Empfehlung von dritten Personen einen Anbieter auszuwählen. *Mund-zu-Mund-Propaganda* bietet eine wirksame Unterstützung, sich von der Konkurrenz zu differenzieren (vgl. Jürgens 2009, S. 45). Vor diesem Hintergrund können sich Pflegeeinrichtungen primär dadurch profilieren, dass sie eine gute zwischenmenschliche Beziehung zu ihren Patienten aufbauen, auf individuelle Wünsche ihrer Pflegekunden eingehen oder zusätzliche Serviceleistungen anbieten, selbst wenn diese nach kurzer Zeit von der Konkurrenz ebenfalls übernommen werden (vgl. Jürgens 2009, S. 46).

Eine weitere Differenzierungsmöglichkeit, die für die Patienten einen hohen Nutzwert haben kann, besteht darin, wie gut die Pflegeeinrichtung mit anderen lokalen Anbietern und Einrichtungen wie Krankenhäusern, niedergelassenen Ärzten, Apotheken, Sanitätshäusern oder Krankenkassen zusammenarbeitet. Oftmals sind es die scheinbar ,kleinen Dinge des Alltags', die Patienten und ihren Angehörigen jedoch große Probleme bereiten können, wie beispielsweise eine fehlende Verordnung des Hausarztes, Antragstellungen bei Krankenkassen oder noch nicht gelieferte Hilfsmittel wie die Hebevorrichtung fürs Bett. Hier leisten Pflegemitarbeiter oftmals wertvolle Unterstützung, obwohl der damit verbundene Koordinationsaufwand nicht unerheblich ist (vgl. Jürgens 2009, S. 60, 78).

Eine Patientenbefragung bietet die Möglichkeit, individuelle Wünsche von Patienten festzustellen und das vorhandene Leistungsangebot mit diesen Wünschen abzugleichen. Sie liefert Ansatzpunkte, die

Unterstützung der Gepflegten und ihrer Angehörigen im Alltag zu optimieren. Neue Leistungsangebote tragen dazu bei, *Differenzierungsvorteile* gegenüber der Konkurrenz aufzubauen.

Wenn Patienten merken, dass die Pflegemitarbeiter sich ernsthaft um ihr Wohl bemühen, ist zu erwarten, dass die *zwischenmenschlichen Beziehungen gefördert werden*. Eine Patientenbefragung trägt somit zur Bindung der Patienten an die eigene Pflegeeinrichtung bei und erschwert es der örtlichen Konkurrenz, sich als besser darzustellen.

Patientenbefragungen als Möglichkeit der Differenzierung gegenüber der Konkurrenz

Die Ergebnisse einer Patientenbefragung können dazu beitragen, dass eine Pflegeeinrichtung neue Leistungsangebote entwickelt, die Zusammenarbeit mit externen Leistungserbringern verbessert oder die Bindung der Patienten und deren Angehörige an die Pflegeeinrichtung erhöht. Dadurch kann sich die Pflegeeinrichtung gegenüber der Konkurrenz differenzieren und Wettbewerbsvorteile aufbauen. Wenn sich die Bemühungen der Pflegeeinrichtung um das Patientenwohl herumsprechen, führt eine positive Mund-zu-Mund-Propaganda bereits zu einem Wettbewerbsvorteil bei der Auswahl der Pflegeeinrichtung durch zukünftige Patienten und deren Angehörige.

2.3   Patientenbefragungen als Teil des Qualitätsmanagements

2.3.1   Veränderungs- und Entwicklungsbedarf in der Pflegeeinrichtung

Eine bedeutende Zielsetzung von Patientenbefragungen besteht darin, im Rahmen des *internen Qualitätsmanagements* Hinweise auf potenzielle Fehlerquellen oder Schwachstellen in der

Führung, der Organisation und im Versorgungsprozess der Patienten zu erhalten (vgl. KTQ 2000, S. 11). Daraus können sich neue Ansätze für die Führung und Personalentwicklung in der Pflegeeinrichtung ergeben. *Führungskräfte erhalten hilfreiche Unterstützung und Entlastung*, wenn sie einen Veränderungs- oder Qualifizierungsbedarf feststellen, der durch eine systematische Befragung und Auswertung aufgezeigt wird. Letzteres erleichtert die Argumentation gegenüber Mitarbeitern oder dem Träger der Einrichtung, wenn es um den Einsatz zusätzlicher Anstrengungen oder finanzieller Mittel für eine Umsetzung notwendiger Veränderungen geht. Dies können organisatorische Veränderungen, Änderungen im Leistungsangebot, oder Verbesserungen in der zwischenmenschlichen Beziehung zwischen Patienten und Pflegepersonal sein.

Eine Befragung von Pflegekunden kann zu Erkenntnissen führen, inwieweit beim Personal die Notwendigkeit für eine fachliche Weiterqualifizierung besteht. Sie stellt ein wirksames Hilfsmittel dar, um *Verbesserungsmöglichkeiten aufzuzeigen* oder eine *Bestätigung für die bereits vorhandene gute Leistungsqualität* zu erhalten. Damit verbunden ist eine gewisse *Unabhängigkeit von einer Fremdbewertung*, weil die Pflegeeinrichtung rechtzeitig Maßnahmen ergreifen kann, um etwaige Kritikpunkte vorwegzunehmen und zu beseitigen. In dieser Hinsicht stellt eine Patientenbefragung ein wirksames Instrument für eine Selbstanalyse und Eigenbewertung der Pflegeeinrichtung dar. Damit dient sie ebenfalls der *Vorbereitung auf Überprüfungen durch den MDK* und ist als Bestandteil des Qualitätsmanagement ein wirksames Mittel zum Nachweis der eigenen Leistungsgüte und Qualitätsbemühungen. Auf diese Weise lassen sich geeignete Qualitätssicherungsmaßnahmen rechtzeitig ergreifen und ‚böse Überraschungen‘ vermeiden.

Patientenbefragungen als Instrument der Selbstanalyse und Eigenbewertung

Eine Patientenbefragung liefert Hinweise auf potenzielle Fehlerquellen oder Schwachstellen in der Führung, der Organisation und im Versorgungsprozess der Patienten. Sie kann zu Erkenntnissen führen, inwieweit beim Pflegepersonal die Notwendigkeit für eine fachliche Weiterqualifizierung besteht. Somit ist sie ein wirksames Instrument für eine Selbstanalyse und Eigenbewertung der Pflegeeinrichtung.

2.3.2 Möglichkeit der Beurteilung der Pflegequalität durch Patienten

Die Frage, inwieweit Patientenbefragungen als Instrument der Qualitätssicherung aussagekräftig und sinnvoll sind, wird durchaus kontrovers diskutiert. Ein häufiger Einwand gegen Patientenbefragungen besteht darin, dass Patienten nicht über das erforderliche medizinische Fachwissen und Verständnis verfügen, die Qualität von Gesundheitsdienstleistungen kompetent beurteilen zu können. Zudem wird ihnen die Fähigkeit abgesprochen, die unmittelbar an ihrer Person erbrachten gesundheitsbezogenen Dienstleistungen objektiv zu betrachten (vgl. Mehmet 2011, S. 83).

Diese einschränkende Betrachtung lässt jedoch unberücksichtigt, dass der Patient die einzige Informationsquelle ist, die den gesamten Versorgungsprozess unmittelbar erlebt. Eine Patientenbefragung trägt somit dazu bei, Informationen ‚aus erster Hand' zu gewinnen. Patienten erfahren das Versorgungssystem über alle Berufsgruppen und organisatorischen Ebenen hinweg und im zeitlichen Verlauf (vgl. KTQ 2000, S. 11). Sämtliche Teilbereiche des Versorgungsprozesses laufen schließlich beim Patienten zusammen, so dass dieser wie sonst niemand eine umfassende Sichtweise der Leistung entwickeln kann (vgl. Mehmet 2011, S. 84). Damit sind sie in der Lage, ein Gesamtbild über die Versorgungsqualität zu entwickeln (vgl. KTQ 2000, S. 11). So können Patienten z. B. durchaus feststellen, ob nach einem Arztbesuch die Pflegemitarbeiter über den aktuellen Gesundheitszustand informiert sind. Diesbezügliche Aussagen von Patienten können Hinweise geben, wie die Kommunikation zwischen Ärzten und Pflegepersonal verläuft. Patienten erleben es unmittelbar, wenn erforderliche Hilfsmittel nicht vorhanden sind oder technisch nicht einwandfrei funktionieren. Entsprechende Hinweise von Patienten können darüber Aufschluss geben, ob die Zusammenarbeit der Pflegeeinrichtung mit Apotheken und Sanitätshäusern oder dem Reparaturservice gut ist. Wenn Patienten angeben, dass häufig Wartezeiten auftreten oder die Hausbesuche nicht pünktlich sind, ist dies möglicherweise ein Hinweis auf organisatorische Schwachstellen. Und schließlich können *nur* die Patienten beurteilen, ob es ihnen nach einer medizinischen oder pflegerischen Versorgung besser geht oder ihre Schmerzen sich verringert haben.

Bei der Durchführung von Patientenbefragungen kommt es in erster Linie darauf an, die „*wahrgenommene Versorgungsqualität*" (vgl. Pfaff et al. 2009, S. 32) der Patienten zu ermitteln. Diese ist im Sinne einer ‚subjektiven Wahrheit' zu betrachten und für die Weiterempfehlung der Pflegeeinrichtung durch den Patienten ebenso relevant wie die objektive, an medizinisch-fachlichen Kriterien gemessene Qualität (vgl. Pfaff et al. 2009, S. 32–35).

Zusätzlich zu den fachlichen Anforderungen sind Pflegeeinrichtungen einer Vielzahl von Patientenerwartungen ausgesetzt, die je nach Art der Patienten oder der Einrichtung unterschiedlich stark ausgeprägt sein können. Die Bewertung der Pflegequalität aus Sicht der Patienten bezieht sich häufig nicht allein auf die unmittelbare Pflegeleistung, sondern vielmehr auf die Einschätzung der Pflegeperson und die Beziehung zu ihr. Vorrangige Bedeutung haben außerdem Kriterien, welche die persönliche Lebensqualität der Patienten unmittelbar beeinflussen, wobei die Aufrechterhaltung der Selbstbestimmung, der Privatsphäre und Entscheidungsfreiheit besonders wichtig sind (vgl. Roth 2002, S. 27 f.).

Aus Sicht der Patienten sind außerdem *psychosoziale Faktoren* wie die Freundlichkeit des Personals, die Zuverlässigkeit von Serviceleistungen oder das Ambiente ausschlaggebende Faktoren für die Bewertung einer Pflegeeinrichtung. Diese Faktoren können von Patienten kompetent beurteilt werden (vgl. Pfaff et al. 2009, S. 35).

Ermittlung der ‚wahrgenommenen' Versorgungsqualität durch Patientenbefragungen

Patienten sind die einzigen Personen, die den gesamten Versorgungsprozess unmittelbar erleben. Sämtliche Teilbereiche des Versorgungsprozesses laufen bei ihnen zusammen. Eine Patientenbefragung trägt somit dazu bei, Informationen ‚aus erster Hand' zu gewinnen. Die ‚wahrgenommene' Versorgungsqualität ist im Sinne einer ‚subjektiven Wahrheit' zu betrachten und für die Weiterempfehlung der Pflegeeinrichtung durch den Patienten ebenso relevant wie die objektive, an medizinisch-fachlichen Kriterien gemessene Qualität (vgl. Pfaff et al. 2009, S. 32–35).

2.3.3 Qualitätsmerkmale aus Sicht der Patienten

Die Ausführungen des vorherigen Abschnittes machen deutlich, dass es für die Entwicklung einer Patientenbefragung durchaus erstrebenswert ist, die aus Patientensicht *zentralen Qualitätsmerkmale* zu berücksichtigen. Für Krankenhäuser, Pflegeheime und ambulante Pflegeeinrichtungen konnten in der Pflegepraxis und in wissenschaftlichen Untersuchungen zusammenfassend folgende Themenbereiche identifiziert werden, die für Patienten von besonderer Bedeutung sind und ihre Zufriedenheit beeinflussen.[1] Die

---

[1] Vgl. Schwappach et al. 2009, S. 78 f., bezogen auf Krankenhäuser; vgl. Wingenfeld 2003, S. 29: Auswertungen einer qualitativen Befragung von ambulant versorgten Pflegebedürftigen; vgl. Roth 2001, S. 97 f., hier bezogen auf die ambulante Pflege; vgl. Institut für Demoskopie Allensbach

Themenbereiche sind deshalb auch in verschiedenen, bereits im Einsatz befindlichen Fragebögen oder Prüfkatalogen wiederzufinden, wenn auch in unterschiedlicher Tiefe oder Zuordnung zu Oberthemen.

▶ **Patientenerwartungen an eine gute pflegerische Versorgungsqualität**

- Fachliche Kompetenz des Pflegepersonals
- Persönliche Zuwendung durch die Pflegeperson
- Vorliegen einer vertrauensvollen, durch Wertschätzung und Respekt gekennzeichneten Beziehung zur Pflegeperson
- Freundliches Personal, Höflichkeit und Nettigkeit im Auftreten
- Information und Kommunikation über Diagnosen und Therapie
- Mitbestimmung bzw. Einbeziehung bei der Planung und Durchführung von Pflegemaßnahmen (z. B. Zeiten), Einbindung nahestehender Familienangehöriger
- Einfühlungsvermögen, Berücksichtigung individueller Bedürfnisse und Gewohnheiten des Patienten, Akzeptanz der Privatsphäre der Patienten
- Gute Erreichbarkeit und ausreichend Zeit der Pflegekraft für den einzelnen Patienten
- Organisation: Zuverlässigkeit, Keine Wartezeiten, Einhaltung der Pflegezeiten, Pünktlichkeit, Flexibilität (z. B. individuelle Essenszeiten)
- personelle Kontinuität der Pflegekräfte bzw. geringer Personalwechsel

---

2009, S. 14, hier bezogen auf Kriterien zur Auswahl eines Pflegeheims; vgl. Zinn 2010, S. 51 f., S. 172, hier bezogen auf Krankenhäuser; vgl. Schaeffer 2006, S. 13 ff.

- Engagement, Sorgfalt und Behutsamkeit bei der Pflegedurchführung
- Umfassende Entlastung und Unterstützung im Alltag
- Sauberkeit des Personals bzw. der Pflegeeinrichtung, gepflegter Gesamteindruck
- Umgebungsgestaltung und Atmosphäre
- Sichere, barrierefreie und freundliche Gestaltung der Inneneinrichtung

Für die Vorbereitung einer Befragung von Pflegekunden ist es sinnvoll, die zusammengefassten Erwartungen *in einzelne Themengebiete* zu unterteilen. Die folgende Aufstellung enthält *Kriterien der Leistungsqualität aus Patientensicht* und bezieht sich primär auf Merkmale der Versorgung, die von Patienten wahrgenommen und subjektiv bewertet werden können.[2] Die Bündelung der Themengebiete ist in der Literatur nicht einheitlich und kann je nach Zielsetzung der Befragung unterschiedlich gestaltet sein. Es bleibt der jeweiligen Pflegeeinrichtung überlassen, die Themengebiete zu übernehmen, neu zu ordnen oder einzelne Teilaspekte für eine Befragung separat auszuwählen.[3]

---

[2] Nicht in der Aufstellung berücksichtigt sind Qualitätskriterien, die sich auf rein medizinische oder pflegefachliche Aspekte der Versorgung beziehen. Es geht also bei den hier angebotenen Themen nicht um Fragen, ob beispielsweise die Behandlung chronischer Wunden auf dem aktuellen Stand des Wissens erfolgt, ob ein schriftliches Pflegekonzept vorliegt oder ob eine Stomabehandlung entsprechend der ärztlichen Verordnung durchgeführt und dokumentiert wird. Um derartige Kriterien selbst zu überprüfen, kann auf entsprechende Unterlagen zurückgegriffen werden, wie sie zum Beispiel in der Form der Qualitätsprüfungsrichtlinien des MDK (vgl. QPR 2014) oder des KTQ-Manuals (vgl. KTQ-Manual 2006) zur Verfügung gestellt werden.

[3] Für die Aufbereitung der Themengebiete wurden verschiedener Beiträge, Prüfkataloge und Patientenbefragungen, die sich mit der Qualität der Leistungen in Pflegeeinrichtungen beschäftigen, durchgesehen. Die durch-

▶   **Themengebiete und Kriterien der Leistungsqualität aus Patientensicht**

Pflegepersonal

- Kompetenz und Engagement
- Respektvoller Umgang mit den Patienten, persönliche Zuwendung
- Gepflegtes Auftreten, Hygienisches Arbeiten

Gesundheit und Wohlbefinden

- Allgemeines Wohlbefinden und Sicherheit
- Förderung der Selbstständigkeit des Patienten
- Schmerzmanagement
- Ernährung, Verpflegung

Hygiene und Sauberkeit

- in der Einrichtung
- im Zimmer

Entlastung und Unterstützung (vollständige Versorgung)

- Unterstützung des täglichen Lebens (incl. hauswirtschaftlicher Versorgung)
- Versorgung mit Hilfsmitteln

---

gesehenen Unterlagen beziehen sich teilweise auf konkrete Arten von Pflegeeinrichtungen wie ambulante Pflegedienste, Pflegeheime oder die Pflege in Krankenhäusern, teilweise sind sie jedoch allgemein gehalten: vgl.: KTQ-Manual 2006; Pflege-Charta 2014; QPR 2014; Pfaff et al. 2004; PPSQ-AC 2005 und PPSQ-SC 2007; Mehmet 2011; Wingenfeld 2003; Wingenfeld et al 2011; Gehrlach und Altenhöner 2009; Zinn 2010; Schaeffer 2006; Weisse Liste 2014; Institut für Demoskopie Allensbach 2009.

Organisation

- Aufnahme der Patienten
- Abläufe (Wartezeiten, Hol- und Bringdienst, Pünktlichkeit)
- Erreichbarkeit (Pflegepersonal, Verwaltung, Ärzte)
- Einsatzplanung der Mitarbeiter (Zuständigkeit, Kontinuität, Zeit für Patienten)

Mitwirkungsmöglichkeit

- Allgemein
- Pflege und Versorgung
- Beschwerdemanagement und Verbesserungsvorschläge

Individualität, Privatsphäre, Lebensgewohnheiten

- Bedürfnisgerechte Tagesstruktur
- Privatsphäre und persönliche Gewohnheiten
- Religiöse Gewohnheiten
- Körperpflege und Intimsphäre

Informationen

- Pflegerische Maßnahmen
- Pflegeleistungen und Kosten
- Persönliche Vorstellung
- Informationseinholung
- Aktuelle Informationen

Zusammenarbeit

- Innerhalb der Pflegeeinrichtung
- Externe Zusammenarbeit (ebenfalls Angehörige)

Serviceangebote

- Zufriedenheit mit vorhandenen Serviceangeboten
- Wunsch nach zusätzlichen Serviceangeboten

Soziale Betreuung und Freizeit

- Betreuungsangebote
- Einzelbetreuung
- Teilhabe am gesellschaftlichen Leben
- Empfang von Besuch

Einrichtung und Wohnbedingungen im Pflegeheim

- Einrichtung und Wohnlichkeit der Zimmer
- Ausstattung und Einrichtung des Gebäudes

Gesamtzufriedenheit

- Gesamturteil Zufriedenheit
- Weiterempfehlungsbereitschaft
- Kundenbindung
- Zuzahlungsbereitschaft

Gründe für die Wahl der Pflegeeinrichtung

- „Mund-zu-Mund-Propaganda"
- Zusammenarbeit mit dem Krankenhaus
- Wohnortnähe
- vorherige Beratung

2.3.4 Besonderheiten einer Befragung von Pflegebedürftigen zur Ermittlung der Patientenzufriedenheit

Patientenbefragungen sind häufig mit der Erwartung verbunden, aus ihren Ergebnissen Aussagen über eine allgemeine Patientenzufriedenheit abzuleiten. Dabei ist jedoch zu beachten, dass Patientenzufriedenheit kein ‚eindimensionales Konstrukt' darstellt (vgl. Zinn 2010, S. 51), sondern sich aus einer Reihe unterschiedlicher Faktoren zusammensetzt. Weitgehende Einigkeit besteht innerhalb der Forschung darüber, dass es sich bei der Bewertung der Zufriedenheit, die von einer Person vorgenommen wird, um die Wiedergabe eines subjektiven Empfindens handelt, welches von der – wie auch immer definierten – „objektiven Realität" (Zinn 2010, S. 26) abweichen kann. Deshalb ist es problematisch, Patientenzufriedenheit als Beleg für die Qualität einer gesundheitlichen Dienstleistung zu betrachten (vgl. Mehmet 2011, S. 96). Diese Problematik ergibt sich daraus, dass das Antwortverhalten der Patienten von *Faktoren beeinflusst werden kann, die in keinem direkten Zusammenhang zum Versorgungsgeschehen stehen*, welches durch die Befragung bewertet werden soll.

Nach den Erfahrungen, die in der Zufriedenheitsforschung im Gesundheitswesen gemacht wurden (vgl. Wingenfeld 2003, S. 9; vgl. Zinn 2010, S. 72 ff.),

- fällt das Befragungsergebnis für den Leistungsanbieter umso besser aus, je allgemeiner die Frage nach der Zufriedenheit gestellt wird
- ist nicht auszuschließen, dass trotz einzelner berechtigter Kritikpunkte die allgemeine Zufriedenheit hoch ist
- wird Unzufriedenheit umso mehr geäußert, je höher der Bildungshintergrund der Befragten ist

- steigt die allgemeine Zufriedenheit mit zunehmendem Alter, weil die Erwartungshaltung älterer Personen häufig weniger ausgeprägt ist als die jüngerer Menschen
- hängt die Zufriedenheit von Patienten stark von ihrem allgemeinen Wohlbefinden und der wahrgenommenen Verschlechterung oder Verbesserung ihres Gesundheitszustandes ab
- kann die Zufriedenheit von Patienten dadurch beeinflusst werden, wie wirksam das Schmerzmanagement ist
- wird die Beurteilung von Gesundheitseinrichtungen in erheblicher Weise von kurz zurückliegenden Erfahrungen oder Ereignissen beeinflusst
- geben Angehörige in der Regel kritischere Bewertungen ab als die Patienten selbst.

Es muss jedoch einschränkend gesagt werden, dass es auch Studienergebnisse gibt, die keinen unmittelbaren Zusammenhang zwischen soziodemografischen Faktoren und Patientenzufriedenheit feststellen konnten (vgl. Zinn 2010, S. 72 ff., 79, 172).

Bei der Auswertung von Befragungsergebnissen ist weiterhin zu beachten, dass das Antwortverhalten der Befragten von *Verfälschungstendenzen* beeinflusst werden kann (vgl. Raab-Steiner und Benesch 2010, S. 59). So tun sich Pflegebedürftige oftmals schwer, Kritik zu äußern, weil sie befürchten, ein insgesamt positives Verhältnis zur Pflegeeinrichtung zu gefährden. Aufgrund ihrer Abhängigkeit legen viele Patienten Wert auf eine harmonische Beziehung zu den Pflegepersonen und neigen dazu, Fragen eher positiv zu beantworten (vgl. Roth 2002, S. 28 f.; vgl. Wingenfeld 2003, S. 21 f.). Extrem hohe Zufriedenheitswerte sollten deshalb mit einer kritischen Distanz betrachtet werden. Dies gilt insbesondere dann, wenn in einem Fragebogen die Zufriedenheit allgemein abgefragt wird, ohne dass Detailkriterien des Pflegealltags berücksichtigt werden (vgl. Roth 2002, S. 29 ff.).

Eine Befürchtung von Mitarbeitern in der Pflege besteht darin, dass ein Befragungsergebnis von sogenannten „notorischen Kriti-

kern" (Wingenfeld et al. 2011, S. 163) bzw. ‚Dauernörglern' einsei-
tig negativ beeinflusst werden kann, weil diese sich zu allen Fragen
tendenziell eher negativ äußern. Untersuchungsergebnisse deuten
jedoch darauf hin, dass diese Gefahr vernachlässigbar, ja sogar als
verschwindend gering bezeichnet werden kann. Im Gegensatz dazu
kann eher davon ausgegangen werden, dass es mehr Patienten gibt,
die tendenziell zu einer positiven Beurteilung neigen und somit die
Zahl der notorischen Kritiker deutlich übersteigen (vgl. Wingenfeld
et al. 2011, S. 163).

Befragungsergebnisse können auch verfälscht werden, wenn Befragte dazu neigen, *eher mittlere Werte anzugeben*, um eindeutige
positive oder negative Bewertungen der Pflegeeinrichtung zu vermeiden. Dieser Effekt wird als „Tendenz zur Mitte" (Raab-Steiner
und Benesch 2010, S. 61) bezeichnet. Ein solches Antwortverhalten
kann darauf hinweisen, dass der Befragte nicht genügend Informationen oder Erfahrungen hat, um den gefragten Sachverhalt fundiert
zu beantworten (vgl. Raab-Steiner und Benesch 2010, S. 61).

Antwortverzerrungen oder Verfälschungen können auch durch
die *„Abgabe sozial erwünschter Antworten"* (Schnell et al. 2008,
S. 355) auftreten. Dabei handelt es sich um Antworten, von denen
der Befragte vermutet, dass man sie von ihm erwartet (vgl. Bortz
und Döring 2006, S. 232 f.; vgl. Raab-Steiner und Benesch 2010,
S. 60). „Motiviert durch die Furcht vor sozialer Verurteilung neigt
man zu konformem Verhalten und orientiert sich in seinen Verhal-
tensäußerungen strikt an verbreiteten Normen und Erwartungen."
(Bortz und Döring 2006, S. 232 f.)

**Besonderheiten des Antwortverhaltens bei
Patientenbefragungen**

Soziodemografische Faktoren sowie mögliche Tendenzen zu
einem eher positiven, mittleren oder sozial erwünschten Antwortverhalten bei den Befragten sind zu berücksichtigen, wenn
Befragungsergebnisse interpretiert und bevor entsprechende

Folgerungen daraus gezogen werden. Dementsprechend sorgfältig sollten auch die inhaltlichen und organisatorischen Vorüberlegungen bei der Planung einer Patientenbefragung sein.

2.4 Zusammenfassung der Ziele einer Befragung von Pflegekunden

Die bisherigen Ausführungen zeigen, dass die Durchführung einer Patientenbefragung mit unterschiedlichen Zielen verbunden sein kann. Diese können entsprechend der vorgetragenen Überlegungen zu vier grundlegenden Zielkategorien zusammengefasst werden:

Ethisch begründete Zielsetzungen

1. Reflexion der eigenen Vorgehensweise der Pflegeeinrichtung bei der Erbringung der Pflegeleistung
2. Stärkung der Patientenorientierung
3. Vertrauensaufbau zwischen Patienten und Pflegeeinrichtung
4. Mitwirkungsmöglichkeit für Patienten schaffen
5. Förderung der Mitarbeiterorientierung und –motivation
6. Verantwortungsgefühl der Führungskräfte und Mitarbeiter für Patientenzufriedenheit stärken

Zielsetzungen, die für das Qualitätsmanagement wichtig sind

7. Bestätigung der vorhandenen Qualität
8. Erfassung der aus Patientensicht relevanten Qualitätsmerkmale
9. Informationen ‚aus erster Hand' gewinnen
10. Selbstanalyse und Eigenbewertung der Pflegeeinrichtung
11. Sicherstellung qualitätsorientierter Pflege
12. Verbesserungsbedarf und Fehlerquellen erkennen
13. Vorbereitung der Pflegeeinrichtung auf die MDK-Prüfung und Nachweis eigener QM-Anstrengungen

14. Beschwerden vorbeugen und ‚böse Überraschungen' vermeiden

Zielsetzungen, die die Führung der Mitarbeiter und der Organisation betreffen

15. Gewinnung neuer Ansätze für Führung und Personalentwicklung
16. Förderung der Mitarbeiterzufriedenheit und Motivation
17. Ermittlung organisatorischer Schwachstellen
18. Qualifizierungsbedarf für Mitarbeiter feststellen und begründen
19. Veränderungsbedarf aufzeigen
20. Verantwortungsbewusstsein der Mitarbeiter stärken

Marktorientierte Zielsetzungen bzw. Marketingziele

21. Positive Differenzierung der Pflegeeinrichtung gegenüber der Konkurrenz
22. Imageaufbau und positive Außendarstellung
23. Entwicklung neuer Leistungsangebote
24. Gewinnung neuer Patienten
25. Patientenzufriedenheit
26. Positive Mundpropaganda und Empfehlungen

Literatur

BMFSFJ (2015) Charta der Rechte hilfe- und pflegebedürftiger Menschen. http://www.bmfsfj.de/BMFSFJ/Service/publikationen,did=92830.html. Zugegriffen: 12. Mai 2015

Bortz J, Döring N (2006) Forschungsmethoden und Evaluation für Human- und Sozialwissenschaftler. Springer Medizin Verlag, Heidelberg

Diller H (2001) Vahlens Großes Marketinglexikon. Vahlen, München

Gehrlach C, Altenhöner T (2009) Das Projekt. In: Gehrlach C, Altenhöner T, Schwappach D (Hrsg) Der Patients' Experience Questionnaire. Patientenerfahrungen vergleichbar machen. Verlag Bertelsmann Stiftung, Gütersloh, S 67–74

Großklaus-Seidel M (2002) Ethik im Pflegealltag, Wie pflegende ihr Handeln reflektieren und begründen können. Kohlhammer, Stuttgart

Hinterhuber H (1997) Strategische Unternehmungsführung, II, Strategisches Handeln. De Gruyter, Berlin

Hoefert HW, Härter M (2010) Einleitung: Patientenorientierung. In: Hoefert HW, Härter M (Hrsg) Patientenorientierung im Krankenhaus. Hogrefe, Göttingen, S 9–30

Institut für Demoskopie Allensbach (2009) Pflege in Deutschland, Ansichten der Bevölkerung über Pflegequalität und Pflegesituation, Ergebnisse einer Repräsentativbefragung im Auftrag der Marseille-Kliniken AG. http://www.marseille-kliniken.de/pdf/presse/Allensbach-Studie.pdf. Zugegriffen: 12. Mai 2015

Isfort M (2013) Der Pflegeberuf im Spiegel der Öffentlichkeit. In: Bundesgesundheitsblatt 2013, 56, Online publiziert: 18. Juli 2013. Springer, Berlin Heidelberg, S 1081–1087

Jürgens JH (2009) Überlebensstrategien für ambulante Pflegedienste – Eine Marktstudie. Josef Eul Verlag, Lohmar

KTQ (2000) KTQ-Leitfaden zur Patientenbefragung. Deutsche Krankenhaus Verlagsgesellschaft mbH, Düsseldorf

KTQ-Manual 2006 inkl. KTQ-Katalog Version 1.0 für stationäre und teilstationäre Pflegeeinrichtungen, ambulante Pflegedienste, Hospize und alternative Wohnformen. (KTQ: Kooperation für Transparenz und Qualität im Gesundheitswesen) Deutsche Krankenhaus Verlagsgesellschaft, Düsseldorf

Lohmann H (2012) Patientensouveränität treibt Wandel: Chancen für innovative Pflege. In: Bechtel P, Smerdka-Arhelger I (Hrsg) Pflege im Wandel gestalten – Eine Führungsaufgabe. Springer, Berlin, S 143–149

Mehmet Y (2011) Qualitätsurteile in Patientenbefragungen. Von der Zufriedenheit zum reflektierten Urteil. Gabler Verlag, Springer Fachmedien, Wiesbaden

Mühlbauer BH (2005) Unternehmenskultur im Krankenhaus zwischen Ethik und Ökonomie. In: Kerres A, Seeberger B (Hrsg) Gesamtlehrbuch Pflegemanagement. Springer, Heidelberg, S 315–336

Pfaff H, Steffen P, Brinkmann A, Lütticke J, Nitzsche A (2004) Der Kölner Patientenfragebogen KPF Kennzahlenhandbuch. Klinikum der Universität zu Köln, Institut und Poliklinik für Arbeitsmedizin, Sozialmedizin und Sozialhygiene, Abteilung Medizinische Soziologie. Leiter: Prof. Dr. Holger Pfaff. Okt. 2004. http://www.imvr.uni-koeln.de/uploads/Kennzahlenhandbuch_zus%C3%A4tzliche%20Kennzahlen%20KPF%20+%20Nutzungsbedingungen.pdf. Zugegriffen: 12. Mai 2015

Pfaff H, Brinkmann A, Jung J, Steffen P (2009) Qualitätserhebungen im Gesundheitswesen. Der Patient als Partner in der Evaluation von Qualität. In: Gehrlach C, Altenhöner T, Schwappach D (Hrsg) Der Patients' Experience Questionnaire. Patientenerfahrungen vergleichbar machen. Verlag Bertelsmann Stiftung, Gütersloh, S 30–39

Pflege-Charta (2014) Charta der Rechte hilfe- und pflegebedürftiger Menschen. http://www.bmfsfj.de/BMFSFJ/Service/publikationen,did=92830.html. Zugegriffen: 12. Mai 2015

Pflege-Charta Modul 1 (2014) Broschüre. Bundesministerium für Familie, Senioren, Frauen und Jugend (BMFSFJ) Bundesministerium für Gesundheit BMG (Hrsg) (2014) Charta der Rechte hilfe- und pflegebedürftiger Menschen, 11. Aufl. http://pflege-charta-arbeitshilfe.de/fileadmin/de.pflege-charta-arbeitshilfe/content_de/Dokumente/material/140603_-_Aktive_PDF_-_Charta.pdf. Zugegriffen: 12. Mai 2015

Pflege-Charta Modul 4 (2010) INQA Gute Führung in der Pflege. Thematischer Initiativkreis ›Gesund Pflegen‹ – INQA-Pflege der Initiative Neue Qualität der Arbeit (INQA), Bundesanstalt für Arbeitsschutz und Arbeitsmedizin (Hrsg), Text: Schneider J. Berlin. http://www.pflege-charta-arbeitshilfe.de/fileadmin/de.pflege-charta-arbeitshilfe/content_de/Dokumente/material/M4-INQA-Gute-Fuehrung.pdf. Zugegriffen: 12. Mai 2015

PPSQ-AC (2005) Paderborner Fragebogen zur Patientenzufriedenheit mit ambulanten Pflegediensten (2005). Werkstatt für Organisations- und Personalforschung e. V., Stand 26. 04. 2014. http://www.werkstatt-opf.de/instrumente.php#PPSQ-AC. Zugegriffen: 12. Mai. 2015

PPSQ-SC (2007) Paderborner Fragebogen zur Patientenzufriedenheit mit stationären Pflegediensten (2007). Werkstatt für Organisations- und Personalforschung e. V., Stand 26. 04. 2014. http://www.werkstatt-opf.de/instrumente.php#PPSQ-AC. Zugegriffen: 12. Mai 2015

Pümpin C (1992) Strategische Erfolgspositionen. Haupt, Bern

QPR (2014) Richtlinien des GKV-Spitzenverbandes über die Prüfung der in Pflegeeinrichtungen erbrachten Leistungen und deren Qualität nach § 114 SGB XI vom 17. Jan. 2014. Anlage 1: Erhebungsbogen zur Prüfung der Qualität nach den §§ 114 ff. SGB XI in der ambulanten Pflege. http://www.mds-ev.de/media/pdf/Pruefgrundlagen_ambulante_Pflege_14_02_01.pdf. Zugegriffen: 12. Mai 2015

Raab-Steiner E, Benesch M (2010) Der Fragebogen. Von der Forschungsidee zur SPSS/PASW-Auswertung. Facultas Verlags- und Buchhandels AG, Wien

Roth G (2001) Qualitätsmängel und Regelungsdefizite der Qualitätssicherung in der ambulanten Pflege. Schriftenreihe des Bundesministeriums für Familie, Senioren, Frauen und Jugend, Bd. 226. Kohlhammer, Stuttgart. http://www.bmfsfj.de/RedaktionBMFSFJ/Broschuerenstelle/Pdf-Anlagen/PRM-23988-SR-Band-226,property=pdf,bereich=bmfsfj,sprache=de,rwb=true.pdf. Zugegriffen: 12. Mai 2015

Roth G (2002) Qualität in Pflegeheimen, Expertise im Auftrag des Bundesministeriums für Familie, Senioren, Frauen und Jugend; Forschungsgesellschaft für Gerontologie e. V., Institut für Gerontologie an der Universität Dortmund. http://www.wernerschell.de/Medizin-Infos/Pflege/Expertise_Qualitaet_in_Pflegeheimen.pdf. Zugegriffen: 12. Mai 2015

Rothgang H, Müller R, Unger R (2012) Themenreport „Pflege 2030“. Was ist zu erwarten-was ist zu tun? Bertelsmann Stiftung, Gütersloh. https://www.bertelsmann-stiftung.de/fileadmin/files/BSt/Publikationen/GrauePublikationen/GP_Themenreport_Pflege_2030.pdf. Zugegriffen:12. Mai 2015

Schaeffer D (2006) Bedarf an Patienteninformationen über das Krankenhaus. Eine Literaturanalyse. Bertelsmann Stiftung, Gütersloh. https://www.google.de/search?q= http://www.bertelsmann-stiftung.de/bst/de/media/xcms_+bst_dms_20028_20029_2.pdf&ie=utf-8&oe=utf-8&gws_rd=cr&ei=Ts5RVfq4JIHvsAHq2oDwCg. Zugegriffen: 12. Mai 2015

Schnell R, Hill PB, Esser E (2008) Methoden der empirischen Sozialforschung. Oldenbourg Wissenschaftsverlag, München

Schwappach D, Altenhöner T, Gehrlach C (2009) Wissenschaftliche Schritte der Entwicklung des Patients' Experience Questionnaire. In: Gehrlach C, Altenhöner T, Schwappach D (Hrsg) Der Patients' Experience Questionnaire. Patientenerfahrungen vergleichbar machen. Verlag Bertelsmann Stiftung, Gütersloh, S 75–81

Statistisches Bundesamt (2014) www.destatis.de/DE/ZahlenFakten/GesellschaftStaat/Gesundheit/Pflege/Tabellen/Pflegeeinrichtungen-Deutschland.html. Zugegriffen: 14. Aug. 2014

Stock-Homburg R (2009) Der Zusammenhang zwischen Mitarbeiter- und Kundenzufriedenheit. Direkte, indirekte und moderierende Effekte. Gabler, Wiesbaden

Weisse Liste (2014) Ihre Checkliste für die Pflegeheimauswahl, Standardversion. Zentrum für Qualität in der Pflege. Weisse Liste gemeinnützige GmbH, Gütersloh. http://pflegeheim-checkliste.weisse-liste.de/download-pdf-standard-checkliste.2102.de.pdf. Zugegriffen: 12. Mai 2015

Wingenfeld K (2003) Studien zur Nutzerperspektive in der Pflege. Veröffentlichungsreihe des Instituts für Pflegewissenschaft an der Universität Bielefeld. http://www.unibielefeld.de/gesundhw/ag6/downloads/ipw-124.pdf. Zugegriffen: 12. Mai 2015

Wingenfeld K, Kleina T, Franz S, Engels D, Mehlan S, Engel H (2011) Entwicklung und Erprobung von Instrumenten zur Beurteilung der Ergebnisqualität in der stationären Altenhilfe. Abschlussbericht im Auftrag des Bundesministeriums für Gesundheit und des Bundesministeriums für Familie, Senioren, Frauen und Jugend. Universität Bielefeld, Institut für Pflegewissenschaft. Bielefeld Köln, März 2011. http://www.bagfw.de/fileadmin/user_upload/Abschlussbericht_Ergebnisqualitaet_.pdf. Zugegriffen: 12. Mai 2015

Zinn W (2010) Patientenzufriedenheit. Theoretische Grundlagen-Besonderheiten der Messung-potentielle personengebundene Einflussfaktoren. Edition Winterwork, Borsdorf

Entwurf eines Fragebogens

3

> ▶ Die Überlegungen in Kap. 2 wurden mit der Absicht vor-
> getragen, die ethische, gesellschaftliche und marktbezo-
> gene Bedeutung einer Patientenbefragung sowie ihren
> Stellenwert im Rahmen des Qualitätsmanagements zu
> verdeutlichen. Ein wesentlicher Teilschritt besteht in der
> Festlegung der Ziele, die mit der Patientenbefragung
> erreicht werden sollen, und der begründeten Auswahl
> der relevanten Befragungsinhalte (Kap. 2). Für die inhalt-
> liche Verständlichkeit einer Befragung aus Patientensicht,
> sowie für ihre Aussagefähigkeit und Auswertbarkeit durch
> das Qualitätsmanagement, sind bei der Formulierung von
> Fragen bzw. Aussagen innerhalb des Fragebogens einige
> Regeln zu beachten. Diese Thematik wird im folgenden
> Kap. 3 näher beleuchtet.

3.1 Arten von Items und Antwortvorgaben

Nachdem die Zielsetzungen und Inhalte einer Patientenbefragung
definiert sind, besteht ein weiterer wichtiger Schritt in der Formulierung der Fragen und der Entwicklung eines Fragebogens. Vor der

© Springer Fachmedien Wiesbaden 2016
H. Bolz, *Befragung von Pflegekunden*,
DOI 10.1007/978-3-658-10463-4_3

Fragebogenkonstruktion ist eine Festlegung zu treffen, in welcher Weise die interessierenden Inhalte formuliert werden.

Zu Beginn der weiteren Überlegungen ist jedoch eine begriffliche Klärung sinnvoll. Häufig sind die interessierenden Sachverhalte in Fragebögen nicht als ‚Fragen', sondern als ‚Aussagen' bzw. ‚Statements' formuliert, wie z. B.: ‚Die Mitarbeiter des Pflegedienstes halten sich an die vereinbarten Zeiten', zu denen Antwortoptionen vorgeschlagen werden (vgl. Kallus 2010, S. 20). Als Oberbegriff, der sowohl Fragen als auch Statements umfasst, wird üblicherweise von Items gesprochen (vgl. Schnell et al. 2008, S. 179). Ungeachtet dessen ist die Verwendung des Begriffs „Fragebogen" gebräuchlich, auch wenn Items als Aussagen formuliert sind. Die teilnehmenden Patienten oder Angehörigen werden deshalb als „Befragte" bezeichnet, und nicht wie besonders in der wissenschaftlichen Fachsprache üblichen Weise als „Probanden". Die folgenden Überlegungen gelten gleichsam für eine Verwendung von „Fragen" und „Statements".

Fragearten
Eine grundsätzliche Unterscheidungsmöglichkeit von Fragearten bietet die Einteilung in Reportfragen und Ratingfragen. *Report- oder Berichtsfragen* eignen sich dazu, Tatsachen, Fakten oder spezifische Erfahrungen der Befragten zu erfassen. Mit *Rating- bzw. Bewertungsfragen* können Befragte ihre Erlebnisse bzw. Erfahrungen einer persönlichen Einschätzung unterziehen, wie z. B. bei der Bewertung der Freundlichkeit des Pflegepersonals. Eine Kombination sind *bewertungsorientierte Reportfragen*, deren Beantwortung sowohl Tatsachen als auch Bewertungen beinhalten. Ein Beispiel dafür ist das Item: „Die Mitarbeiter des Pflegedienstes sind da, wenn ich Hilfe brauche." Eine positive Beantwortung der Frage gibt wieder, ob die Pflegemitarbeiter tatsächlich verfügbar waren. Eine Verneinung liefert zugleich eine Bewertung über eine nicht gegebene Erreichbarkeit und ihre Verbesserungswürdigkeit. Da mit einer Patientenbefragung Meinungen und subjektive Einschätzungen von Patienten erhoben werden sollen, ist es sinnvoll, mit bewertungsorientierten Reportfragen zu arbeiten (vgl. Mehmet 2011, S. 95–97;

vgl. Zinn 2010, S. 62). Fragearten lassen sich weiterhin dahinge-
hend unterscheiden, ob es sich um offene oder geschlossene Fragen
handelt. Offene Fragen enthalten keine Antwortvorgaben (vgl. Faulbaum et al. 2009, S. 19 f.). Bei geschlossenen Fragen werden Antwortalternativen vorgegeben, aus denen sich der Befragte für eine
Alternative entscheiden muss.

Antwortarten

Fragen mit *vorgegebenen inhaltlichen Antwortalternativen* eignen
sich für eine Erkundung von konkreten Sachverhalten. Allerdings
ist die Formulierung von Antwortalternativen mit einem erheblichen
inhaltlichen und methodischen Aufwand verbunden (vgl. Bortz und
Döring 2006, S. 254). Beispiel: Um von Patienten eine Bewertung
der Verpflegung in einem Wohnheim zu erhalten, könnte eine Frage
mit vorgegebenen inhaltlichen Antwortalternativen lauten:

**Beispiel für eine Frage mit vorgegebenen inhaltlichen
Antwortalternativen**

„Wie beurteilen Sie die Verpflegung in unserem Wohnheim?
a. Die Mahlzeiten sind abwechslungsreich
b. Ich kann zwischen verschiedenen Mahlzeiten auswählen
c. Das Essen ist geschmackvoll zubereitet
d. Ich erhalte Unterstützung beim Essen und Trinken, wenn ich
   dies Wünsche
e. Die Essenszeiten passen in meinen Tagesablauf
f. Das Essen ist so angerichtet, dass ich es ohne Mühe zu mir
   nehmen kann"

Antwortalternativen dieser Art haben neben dem inhaltlichen und
methodischen Vorbereitungsaufwand den Nachteil, dass differen-
zierte Bewertungen unterschiedlicher Patienten bei den jeweiligen
Antwortvorgaben nicht erfasst werden. Für eine Erfassung von Erfahrungen, Bewertungen, Einstellungen oder Meinungen eher geeignet sind vorformulierte Aussagen bzw. Behauptungen (Statements),

die den interessierenden Sachverhalt bereits beinhalten und deren
Zutreffen von den Befragten (Probanden) auf einer vorgegebenen
Antwortskala einzustufen sind. Damit lassen sich die interessierenden Befragungsinhalte differenzierter erfassen als mit Fragen, bei
denen inhaltliche Antwortalternativen vorgegeben sind (vgl. Bortz
und Döring 2006, S. 254).

Beispiel für eine Frage mit einer vorgegebenen Antwortskala

„Das Essen ist geschmackvoll zubereitet:
a. stimme voll zu
b. stimme eher zu
c. teils/teils
d. stimme eher nicht zu
e. stimme überhaupt nicht zu"

Die einfachste Variante sind Items, die mit „ja"/„nein", mit „stimme
zu"/„stimme nicht zu" oder mit „richtig"/„falsch" beantwortet werden können. Allgemein wird hier von einem „dichotomen Antwort-
format" (vgl. Raab-Steiner und Benesch 2010, S. 53) gesprochen.
Antwortvorgaben können auch eine Rangordnung enthalten, so dass
der Befragte je nach Inhalt einer Aussage eine Abstufung vorneh-
men muss. Wird z. B. nach der *Häufigkeit bestimmter Verhaltens-*
weisen gefragt, so besteht eine gebräuchliche Antwortvorgabe aus
den Begriffen „nie", „selten", „gelegentlich", „oft" und „immer"
(vgl. Schnell et al. 2008, S. 331). Soll mit einem Item die *Wahr-*
scheinlichkeit einer Verhaltensweise ermittelt werden, ist eine Antwortvorgabe wie „keinesfalls", „wahrscheinlich nicht", „vielleicht",
„ziemlich wahrscheinlich" und „ganz sicher" sinnvoll (vgl. Schnell
et al. 2008, S. 331). Diese Antwortalternativen bieten sich z. B. bei
der Frage an, ob ein Patient die betreuende Pflegeeinrichtung wei-
terempfehlen würde. Geht es in einer Frage um die Ermittlung, *in*
welchem Ausmaß ein Sachverhalt vorliegt, sind sogenannte „trifft
zu" – Antwortalternativen möglich, wie z. B.: „trifft zu", „trifft eher

zu", „trifft eher nicht zu", „trifft nicht zu" (vgl. Kallus 2010, S. 19; vgl. Mehmet 2011, S. 203). Sollen mit einer Befragung bestimmte Meinungen oder Einstellungen erhoben werden, so eignen sich die Antwortvorgaben „stimme voll zu", „stimme zu", „teils/teils", „lehne ab" und „lehne stark ab" (dies sind typische Antwortvorgaben bei einer Likert-Skala, vgl. Schnell et al. 2008, S. 188; vgl. Mayer 2009, S. 83; vgl. Faulbaum 2009, S. 23 f.). Soll die Zufriedenheit einer befragten Person mit einem bestimmten Zustand oder einer Situation ermittelt werden, kann das Adjektiv „zufrieden" auch direkt in die Antwortvorgaben eingebunden werden, wie z. B. „sehr zufrieden", „zufrieden", „weder zufrieden noch unzufrieden", „wenig zufrieden" und „unzufrieden" (vgl. Kallus 2010, S. 46 f.). Besteht das Ziel einer Befragung darin, die Bedeutung bestimmter Zustände oder Sachverhalte aus Sicht der befragten Personen zu ermitteln, bieten sich Fragen nach der Wichtigkeit an. Mögliche Antwortvorgaben sind „sehr wichtig", „eher wichtig", „weniger wichtig" und „unwichtig" (vgl. Raab-Steiner und Benesch 2010, S. 54).

Bei der Formulierung von Antwortvorgaben besteht eine grundsätzliche Problematik darin, inwieweit es sinnvoll ist, mittlere Kategorien wie „teils/teils", „vielleicht" oder „weiß nicht" anzubieten, was häufig bei einer ungeraden Anzahl von Antworten der Fall ist. Problematisch können solche Mittelkategorien sein, wenn sie die Befragten möglicherweise zur Wahl dieser Alternative veranlassen, weil sie unsicher sind oder die Befürchtung haben, etwas Falsches zu sagen oder eine sozial unerwünschte Antwort abzugeben (vgl. Mayer 2009, S. 83 f.; vgl. Schnell et al. 2008, S. 337). Aus diesem Grund werden sie auch als „Fluchtkategorie" (Mayer 2009, S. 83; vgl. Schnell et al. 2008, S. 337) bezeichnet. Dieser Aspekt ist bei Patientenbefragungen besonders vor dem oben erwähnten Hintergrund bedeutend, dass sich Pflegebedürftige oftmals schwer tun, Kritik zu äußern. Aufgrund ihrer Abhängigkeit legen sie Wert auf eine harmonische Beziehung zu den Pflegepersonen und neigen dazu, Fragen eher positiv zu beantworten (vgl. Roth 2002, S. 28 f.; vgl. Wingenfeld 2003, S. 21 f.).

Mittlere Antwortvorgaben eröffnen den Befragten die Möglichkeit, von positiven Antworten abzusehen, ohne dabei etwas Negatives sagen zu müssen. Befragte, die ohnehin zu einem mittleren Antwortverhalten tendieren („Tendenz zur Mitte") (Bortz und Döring 2006, S. 184), können durch eine Vorgabe neutraler Antwortkategorien in ihrem Verhalten bestärkt werden. Fehlt eine solche Neutralkategorie, besteht andererseits die Gefahr, dass sich die Befragten *gezwungen sehen*, eine anderweitige Antwort abzugeben. Dies kann dazu führen, dass es zu Antwortverweigerungen oder Abbrüchen kommt. Eine weitere Folge kann sein, dass die Wahl der Antwort zufällig erfolgt und deshalb zu einer Verfälschung des Ergebnisses führt (vgl. Schnell et al. 2008, S. 337).

Bei der Auswertung der Ergebnisse sollte darauf geachtet werden, wie häufig mittlere Antworten auftreten. Neutrale Antworten können durchaus interpretationsfähige Ergebnisse abgeben und sollten deshalb ebenfalls ernst genommen werden (vgl. Schnell et al. 2008, S. 337). So können sie ein Hinweis darauf sein, dass Patienten bestimmte Fragen tatsächlich nicht beantworten können, weil sie keine entsprechenden Erfahrungen gemacht haben. Sie können weiterhin darauf hindeuten, dass Patienten eine Scheu besitzen, ihrem tatsächlichen Empfinden nach zu urteilen, weil sie negative Auswirkungen befürchten. Nicht zuletzt können häufige neutrale Antworten auf ein Harmoniebedürfnis aufmerksam machen, was dazu führen kann, dass Kritik nicht angesprochen wird und Verbesserungsmöglichkeiten dadurch verhindert werden.

3.2 Verständlichkeit und Auswertbarkeit von Items und Antworten

Für den Erfolg einer Patientenbefragung ist eine sorgfältige Formulierung der Items (Aussagen oder Fragen) von erheblicher Bedeutung. In der Sozialforschung sind für die Formulierung von Items verschiedene Kriterien herausgearbeitet worden, um ihre Beantwortung und Auswertbarkeit zu ermöglichen und zu erleichtern. Mit Blick auf eine Befragung älterer Personen und den Informationsgehalt für eine Pflegeeinrichtung sollte vor allem Wert auf die Verständlichkeit, Interpretationsfähigkeit und Eindimensionalität von Items gelegt werden.

Verständlichkeit
Die Verständlichkeit von Items bezieht sich sowohl auf die sprachliche als auch auf ihre inhaltliche Verständlichkeit (vgl. Atteslander 2008, S. 278). Allgemein gilt, dass Items kurz, klar, direkt, verständlich, eindeutig und präzise zu formulieren sind, wobei sie möglichst nicht mehr als 20 Worte umfassen sollten. Zu bevorzugen sind einfache Sätze, auf komplizierte Satzgefüge oder Satzverbindungen sollte verzichtet werden (vgl. Diekmann 2009, S. 479). Die Wortwahl sollte einfach sein und auf nicht gebräuchliche Fachausdrücke, Fremdwörter, Abkürzungen oder Slangausdrücke verzichten (vgl. Atteslander 2008, S. 146). Der Schwierigkeitsgrad der Items sollte dem Bildungsniveau der Befragten angepasst sein, um sie nicht zu überfordern (vgl. Atteslander 2008, S. 146; vgl. Diekmann 2009, S. 482 f; vgl. Bortz und Döring 2006, S. 245).

Mit inhaltlicher Verständlichkeit ist gemeint, ob die Items entsprechend ihrer Intention verstanden werden oder unterschiedlich interpretierbar sind (vgl. Atteslander 2008, S. 278; vgl. Faulbaum et al. 2009, S. 128). Dies wird an folgendem Beispiel deutlich. So kann die Frage, ob ein Patient mit der Essensversorgung in der Pflegeeinrichtung zufrieden ist, mit „Nein" beantwortet werden. Diese Verneinung lässt jedoch nicht erkennen, womit ein Patient konkret nicht zufrieden ist. Die Ablehnung kann sich darauf beziehen, dass ein Patient mit den Essenszeiten unzufrieden ist. Sie kann aber auch zum Ausdruck bringen, dass der Patient das Essensangebot als monoton empfindet und eine mangelnde Auswahlmöglichkeit unter verschiedenen Speisen beanstandet. Ein weiterer Patient kann seine Ablehnung auf die geschmackvolle Zubereitung des Essens beziehen. Aus diesem Grund wird empfohlen, die für die Pflegeeinrichtung jeweils interessierenden Aspekte möglichst genau zu bestimmen und separat zu ermitteln, wie zum Beispiel: „Die Essenszeiten entsprechen meinen persönlichen Wünschen" oder „Das Angebot an Mahlzeiten ist abwechslungsreich."

Interpretationsfähigkeit
Bei der Formulierung von Items sollten Worte wie „immer", „alle", „niemals", „niemand" nicht verwendet werden (vgl. Schnell et al. 2008, S. 180; vgl. Bortz und Döring 2006, S. 255). Sie könnten von den Probanden für unrealistisch gehalten werden (vgl. Bortz und Döring 2006, S. 255) oder mögliche Antwortalternativen ausgrenzen. Nur in Ausnahmefällen sollten Worte wie „fast", „kaum", „selten", „nur" oder „gerade" verwendet werden (vgl. Schnell et al. 2008, S. 180). Diese Begriffe bieten einen großen Interpretationsspielraum und schränken somit die Vergleichbarkeit der Antworten unterschiedlicher Befragter ein.

Quantifizierende Umschreibungen wie „immer" oder „selten" sind auch deshalb problematisch, weil ihre Beantwortung mit Häufigkeitsangaben oder abstufenden Antworten keine klare Interpretation der Aussage zulässt (vgl. Bortz und Döring 2006, S. 255). Dies soll an einem Beispiel verdeutlicht werden: So kann die Frage für einen ambulanten Pflegedienst „Ist der Pflegedienst immer pünktlich?" aufgrund des Wortes „immer" logischerweise nur mit „ja" oder „nein" beantwortet werden. Eine einzige Unpünktlichkeit innerhalb eines Jahres hätte zur Folge, dass die Frage mit „nein" beantwortet werden müsste. Bei abstufenden Antwortvorgaben wie „trifft voll zu" – „trifft teilweise zu" – oder – „trifft nie zu" wäre eine Beantwortung mit „trifft teilweise zu" nicht aussagekräftig, weil es logisch nicht möglich ist, nur „teilweise" und zugleich „immer" pünktlich zu sein. Zu empfehlen ist deshalb eine Frageformulierung, die selbst noch relativ neutral gehalten ist und erst durch die Beantwortung eine Wertung erhält, wie z. B.: „Das Pflegepersonal kommt zu den abgesprochenen Zeiten". Hier kann die befragte Person durch ihre Antwort selbst festlegen, ob die Aussage „voll zutrifft", „teilweise zutrifft" oder „nicht zutrifft".

Eindimensionalität

Um eindeutige Ergebnisse zu erzielen und die erfragten Inhalte für Patienten verständlich darzustellen, sollte in einer Frage oder Aussage, zu der die Patienten ihre Meinung äußern sollen, nur *ein konkreter* Sachverhalt aufgeführt werden. Im Zweifelsfalle sollten zwei getrennte Items formuliert werden (vgl. Atteslander 2008, S. 146; vgl. Faulbaum et al. 2009, S. 139).

Statements, die mehrere Sachverhalte beinhalten, wie z. B.: „Die Essenszeiten und der Speisesaal gefallen mir" sollten deshalb vermieden werden, weil eine Antwort darauf nicht zu erkennen gibt, was dem Patienten ggf. zusagt oder nicht gefällt. Die Verneinung des Beispielstatements lässt nicht erkennen, ob der befragten Person der Speisesaal nicht gefällt oder die Essenzeiten nicht zusagen. Aussagen, die nur einen Qualitätsaspekt beinhalten, werden als „Single-Items" (vgl. Schwappach et al. 2009, S. 79) bezeichnet. Ein möglicher Nachteil dieser Vorgehensweise liegt darin, dass im Vergleich zu „integrierten Items" (vgl. Schwappach et al. 2009, S. 78 f.), mit denen mehrere Sachverhalte auf einmal ermittelt werden, die Liste der Aussagen bzw. Fragen demzufolge länger wird. Dieser Nachteil kann jedoch durch organisatorische Maßnahmen ausgeglichen werden, indem die interessierenden Sachverhalte separat ermittelt werden. So kann zum Beispiel die Frage, ob bei der Pflegeplanung die Wünsche der Patienten berücksichtigt wurden oder die Angehörigen beteiligt wurden, in einem kurzen zeitlichen Abstand nach der Aufnahme der Patienten gestellt werden.

Negative Formulierungen und doppelte Verneinungen

Items sollten nicht negativ formuliert sein und keine doppelten Verneinungen enthalten (vgl. Diekmann 2009, S. 480; vgl. Bortz und Döring 2006, S. 245). Dies kann zu falschen Antworten führen, wenn die Antwortvorgaben ebenfalls negative Ausprägungen beinhalten. Beispiel: Für das Item „Das Essen schmeckt mir nicht" werden als Antworten vorgegeben: „trifft zu", „trifft teilweise zu" und „trifft nicht zu". Es besteht die Gefahr, dass eine befragte Person, die das

Item bejahen möchte, gefühlsmäßig die negative Antwort auswählt (vgl. Faulbaum et al. 2009, S. 202).

Hypothetische Fragen und Suggestivfragen
Hypothetischen Fragen (z. B.: angenommen, Sie würden.....) sind zu vermeiden. Ebenso Unterstellungen und Suggestivfragen, um keine bestimmte Beantwortung zu provozieren oder nahezulegen (vgl. Diekmann 2009, S. 482; vgl. Bortz und Döring 2006, S. 245). Suggestive Effekte können auftreten, wenn die Antwort durch den Fragetext oder eine einleitende Bemerkung beeinflusst wird (vgl. Faulbaum et al. 2009, S. 175). Beispiel: „Plötzliche Erkrankungen von Mitarbeitern können zu personellen Engpässen führen. Wie wichtig ist es für Sie, immer von demselben Mitarbeiter gepflegt zu werden?" Da personelle Engpässe hier als unvermeidbar dargestellt werden, ist es möglich, dass die Frage nach der Wichtigkeit eher abgeschwächt beantwortet wird.

Schwierige Fragen
Fragen bzw. Statements sollten keine Erinnerungsleistung abverlangen, die von der befragten Person nicht erbracht werden können. Schwierige Schätzungen oder komplizierte Verknüpfungen von Sachverhalten sollten vermieden werden (vgl. Faulbaum et al. 2009, S. 158, 162, 164). Beispiel: „Wie oft kam es in den vergangenen zwei Jahren zu Verspätungen?" oder „Welche Gründe wurden Ihnen genannt, wenn sich der Pflegedienst verspätet hat?"

Sequenzeffekte
Die Abfolge der Items sollte keine Sequenzeffekte verursachen. Das heißt, dass der Kontext einer Frage sich nicht auf deren Beantwortung auswirken darf (vgl. Bortz und Döring 2006, S. 245). Dies kann z. B. geschehen, wenn auf die Frage: „Wie beurteilen Sie die Zuverlässigkeit des Pflegedienstes?" die Frage folgt: „Wie häufig kam der Pflegedienst im vergangenen Jahr zu spät?" Die befragte Person

kann dazu verleitet werden, die beiden Fragen möglichst ‚stimmig‘ zu beantworten (vgl. Faulbaum et al. 2009, S. 185).

Passende Antwortvorgaben
Bei geschlossenen Fragen sollten die Antwortvorgaben zur Frage passen (vgl. Faulbaum et al. 2009, S. 189). Für das Item „Die Mitarbeiter des Pflegedienstes sind freundlich" wären die Antwortvorgaben „trifft zu" oder „trifft nicht zu" sinnvoll, wenn es um die Bewertung des Sachverhaltes geht. Soll hingegen herausgefunden werden, wie häufig sich eine Person unfreundlich angesprochen fühlt, wären Antwortvorgaben wie z. B. „nie", „manchmal" oder „oft" passend.

Vortestung (Pretest)
Vor Verwendung eines Fragebogens sollten die Items getestet werden (vgl. Atteslander 2008, S. 145). Da die Fragen an vermutlich vorwiegend ältere Patienten und deren pflegende Angehörige gerichtet werden, geht es dabei in erster Linie darum, die *Verständlichkeit der Fragen* zu ermitteln (vgl. Schnell et al. 2008, S. 347). Außerdem ist es wichtig, ob die Befragten sich in der Lage sehen, die Fragen inhaltlich zu beantworten. Dies bedeutet, *dass sie verstehen müssen, was mit der Frage gemeint ist* (vgl. Kirchhoff et al. 2010, S. 25). Ein Vortest kann auch Erkenntnisse darüber liefern, ob die Antwortvorgaben genügend Variationsmöglichkeiten (vgl. Schnell et al. 2008, S. 347) enthalten oder ob die Antwortverteilung extreme Ausprägungen aufweist, d. h. bestimmte Antworten besonders häufig oder wenig vergeben worden sind (vgl. Faulbaum et al. 2009, S. 101).

Mögliche Belastung der Befragten
Mit Blick auf die gesundheitliche Situation der Patienten ist es zudem wichtig, festzustellen, ob sie sich durch die Befragung belastet fühlen können. Hier kann auch die Dauer bzw. die Zeit eine Rolle spielen, die für das Ausfüllen benötigt wird (vgl. allgemein und

nicht unmittelbar bezogen auf Patienten: Schnell et al. 2008, S. 347;
vgl. a. allgemein Raab-Steiner und Benesch 2010, S. 59). Aus diesem Grund empfiehlt es sich, bei der Auswahl der zu Befragenden
fürsorgliche Aspekte nicht zu vernachlässigen. Soll dennoch auf die
Befragung bestimmter Patienten nicht verzichtet werden, kann die
Einbindung von Angehörigen oder gesetzlichen Betreuern in Erwä-
gung gezogen werden.

Hinweise für die Fragenbeantwortung
Fragen sollten mit Hinweisen für ihre Beantwortung versehen werden (vgl. Faulbaum et al. 2009, S. 221), wie z. B.: „Bitte wählen
Sie nur eine Antwort aus" oder „Sie können mehrere Antworten an-
kreuzen."

Literatur

Atteslander P (2008) Methoden der empirischen Sozialforschung. Erich
    Schmidt, Berlin
Bortz J, Döring N (2006) Forschungsmethoden und Evaluation für Hu-
    man- und Sozialwissenschaftler. Springer Medizin Verlag, Heidelberg
Diekmann A (2009) Empirische Sozialforschung: Grundlagen, Methoden,
    Anwendungen. Rowohlt-Taschenbuch, Reinbek bei Hamburg
Faulbaum F, Prüfer P, Rexroth M (2009) Was ist eine gute Frage? Die sys-
    tematische Evaluation der Fragenqualität. VS Verlag für Sozialwissen-
    schaften/GWV Fachverlage GmbH, Wiesbaden
Kallus KW (2010) Erstellung von Fragebogen. Facultas Verlags- und
    Buchhandels AG, Wien
Kirchhoff S, Kuhnt S, Lipp P, Schlawin S (2010) Der Fragebogen. Daten-
    basis, Konstruktion und Auswertung. VS Verlag für Sozialwissenschaf-
    ten/GWV Fachverlage GmbH, Wiesbaden
Mayer HO (2009) Interview und schriftliche Befragung. Entwicklung,
    Durchführung und Auswertung. Oldenbourg Wissenschaftsverlag,
    München
Mehmet Y (2011) Qualitätsurteile in Patientenbefragungen. Von der Zu-
    friedenheit zum reflektierten Urteil. Gabler Verlag, Wiesbaden (Sprin-
    ger Fachmedien)

Raab-Steiner E, Benesch M (2010) Der Fragebogen. Von der Forschungsidee zur SPSS/PASW-Auswertung. Facultas Verlags- und Buchhandels AG, Wien

Roth G (2002) Qualität in Pflegeheimen, Expertise im Auftrag des Bundesministeriums für Familie, Senioren, Frauen und Jugend; Forschungsgesellschaft für Gerontologie e. V., Institut für Gerontologie an der Universität Dortmund. http://www.wernerschell.de/Medizin-Infos/Pflege/Expertise_Qualitaet_in_Pflegeheimen.pdf. Zugegriffen: 12. Mai 2015

Schnell R, Hill PB, Esser E (2008) Methoden der empirischen Sozialforschung. Oldenbourg Wissenschaftsverlag, München

Schwappach D, Altenhöner T, Gehrlach C (2009) Wissenschaftliche Schritte der Entwicklung des Patients' Experience Questionnaire. In: Gehrlach C, Altenhöner T, Schwappach D (Hrsg) Der Patients' Experience Questionnaire. Patientenerfahrungen vergleichbar machen. Verlag Bertelsmann Stiftung, Gütersloh, S 75–81

Wingenfeld K (2003) Studien zur Nutzerperspektive in der Pflege. Veröffentlichungsreihe des Instituts für Pflegewissenschaft an der Universität Bielefeld. http://www.unibielefeld.de/ gesundhw/ag6/downloads/ipw-124.pdf. Zugegriffen: 12. Mai 2015

Zinn W (2010) Patientenzufriedenheit. Theoretische Grundlagen-Besonderheiten der Messung-potentielle personengebundene Einflussfaktoren. Edition Winterwork, Borsdorf

Vorbereitung und Durchführung einer Befragung von Pflegekunden

4

▶ In den bisherigen Ausführungen wurden wesentliche inhaltliche Überlegungen dargestellt, die bei der Vorbereitung einer Patientenbefragung berücksichtigt werden sollten. Die ethische, gesellschaftliche und marktbezogene Bedeutung von Patientenbefragungen sowie ihr Stellenwert im Rahmen des Qualitätsmanagements wurden verdeutlicht. Ein wesentlicher Teilschritt besteht in der Festlegung der Ziele, die mit der Patientenbefragung erreicht werden sollen, und der begründeten Auswahl der relevanten Befragungsinhalte. Für die inhaltliche Verständlichkeit einer Befragung aus Patientensicht, sowie für ihre Aussagefähigkeit und Auswertbarkeit durch das Qualitätsmanagement, sind bei der Formulierung von Fragen bzw. Aussagen innerhalb des Fragebogens einige Regeln zu beachten.

In den folgenden Betrachtungen geht es darum, weitere wichtige Vorüberlegungen aufzuzeigen, die sich auf die Form der Befragung, die Entwicklung eines Fragebogens, die Festlegung und Vorbereitung der beteiligten Mitarbeiter, die Auswahl der Zielgruppe der Befragten, die Information der Befragungsteilnehmer sowie die Abfolge einzelner formaler organisatorische Planungsschritte beziehen.

© Springer Fachmedien Wiesbaden 2016
H. Bolz, *Befragung von Pflegekunden*,
DOI 10.1007/978-3-658-10463-4_4

4.1 Vorüberlegungen zur Form der Befragung

Es gibt unterschiedliche Formen, mit denen eine Befragung durchgeführt werden kann. So kann man unterscheiden zwischen einer schriftlichen Befragung, einer mündlichen Befragung, einer Befragung über das Internet sowie einem telefonischen Interview (vgl. Schnell et al. 2008, S. 321; vgl. Mayer 2009, S. 98 ff.). Aufgrund ihrer weiten Verbreitung bei der Befragung von Patienten konzentrieren sich die folgenden Überlegungen auf schriftliche und mündliche Befragungen (vgl. zu den Befragungsformen ausführlich: Schnell et al. 2008, Kap. 7 Datenerhebungstechniken).

Eine übliche Vorgehensweise besteht in der *Anwendung eines Fragebogens*, der in Anwesenheit einer weiteren Person oder von der befragten Person alleine ausgefüllt wird. Im letzteren Fall ist zu empfehlen, dem Fragebogen ein *Anschreiben* hinzuzufügen. Das Anschreiben sollte beinhalten, welches Ziel die Befragung hat und wie wichtig die Teilnahme des Befragten für das Ergebnis und den Erfolg der Befragung ist. Ebenfalls sollte darauf hingewiesen werden, welche Institution bzw. Organisation die Befragung durchführt, und dass die Fragebögen anonym ausgewertet werden (vgl. Mayer 2009, S. 99). Die Vorteile einer schriftlichen Befragung liegen darin, dass sie mit einem geringen Personalaufwand durchgeführt werden kann und binnen kurzer Zeit eine größere Anzahl von Befragten erreicht werden kann. Zudem hat die befragte Person anders als bei einem Interview Zeit, sich die Antworten zu überlegen. Der Einsatz von Fragebögen ist die am häufigsten angewandte Form bei Patientenbefragungen (vgl. Zinn 2010, S. 55; vgl. a. allgemein Raab-Steiner und Benesch 2010, S. 43). Aufgrund ihrer vielfältigen Anwendung ist anzunehmen, dass sie bei Patienten und deren Angehörigen am ehesten auf Akzeptanz stoßen (vgl. Buchhester 2012, S. 80). Ein Nachteil dieses Instrumentes kann darin liegen, dass nicht auszuschließen ist, dass die Beantwortung der Fragen durch andere Personen (z. B. Angehörige) beeinflusst wird. Außerdem besteht die Gefahr, dass sich die befragte Person vorab einen Überblick über alle

Fragen verschafft und sie entsprechend einem pauschalen Gesamturteil in ähnlicher Weise entweder zustimmend, ablehnend, positiv oder negativ beantwortet (Halo-Effekt) (vgl. Mayer 2009, S. 100; vgl. Bortz und Döring 2006, S. 183).

Bei der *Durchführung von Interviews* sollte darauf geachtet werden, dass alle Befragten unter ähnlichen Bedingungen interviewt werden, um die Antworten vergleichbar zu machen und die Ergebnisse der Einzelgespräche somit gesamthaft auswerten zu können. Um das Antwortverhalten durch die Anwesenheit des Interviewers nicht zu beeinflussen, dürfen die Durchführenden nicht von den vorgegebenen Fragetexten abweichen, keine persönlichen Kommentare abgeben oder die Situation nicht auf andere Weise beeinflussen. Deshalb sollten die Befragungspersonen vorher entsprechend geschult werden (vgl. Mayer 2009, S. 100 f.; vgl. Schnell et al. 2008, S. 322 f.; vgl. zu Grundregeln für die Gestaltung einer Befragungssituation Wingenfeld et al. 2011, S. E-2 ff.). Zu überlegen ist auch, durch wen die Interviews durchgeführt werden. Hinsichtlich bestimmter Inhalte kann es geboten sein, externe Personen mit der Befragung zu beauftragen (vgl. Wingenfeld et al. 2011, S. 278)[1], um bei den Befragten keine Tendenzen zu einem erwünschten Antwortverhalten aufkommen zu lassen (vgl. Wingenfeld et al. 2011, S. 296). Interviews sind deshalb mit einem höheren Personal- und Kostenaufwand verbunden (vgl. Schnell et al. 2008, S. 358; vgl. Schrank 2004, S. 39).

Die Befragung pflegebedürftiger und alter Menschen ist eine herausfordernde Aufgabenstellung, bei der einige weitere Besonderheiten zu beachten sind: Es ist empfehlenswert, vor der Festlegung der zu befragenden Patienten bzw. Bewohner deren Befragungsfähigkeit zu bewerten (vgl. Wingenfeld et al. 2011, S. E-4). Pflegebedürftige Menschen sind oftmals in ihrer Bewegungsfreiheit eingeschränkt, bettlägerig oder nur noch in geringem Maße aufnahme- und beurtei-

---

[1] Siehe zu einer vergleichenden Übersicht von organisatorischen Varianten einer Befragung durch Interviews: Wingenfeld et al. 2011, S. 299 f.

lungsfähig. Dies kann zur Folge haben, dass sie nicht mehr vollständig in der Lage sind, sämtliche Aspekte ihrer Versorgung oder alle Lebensbereiche in der Pflegeeinrichtung zutreffend zu bewerten. Eine schriftliche Befragung kann problematisch sein, weil die Lese- und Schreibfähigkeiten sehr unterschiedlich ausgeprägt sind. Deshalb sollte im Einzelfall geprüft werden, inwieweit es sinnvoll ist, ergänzende persönliche Interviews durchzuführen (vgl. Buchhester 2012, S. 80), die Patienten bei der Beantwortung eines Fragebogens zu unterstützen oder deren Angehörige oder Betreuer zu befragen (vgl. Kerres und Mühlbauer 2005, S. 142).

Vor dem Hintergrund möglicher Belastungen der befragten Patienten ist außerdem zu überlegen, ob bestimmte Fragen notwendigerweise gestellt werden müssen, oder ob es Möglichkeiten gibt, die interessierenden Informationen auch auf eine andere Weise zu erhalten (vgl. Bortz und Döring 2006, S. 244). In Situationen, in denen weder eine Befragung der Patienten noch der Angehörigen möglich oder sinnvoll ist, kann es deshalb geboten sein, den Pflegealltag aus Sicht der Patienten durch Beobachtung zu analysieren (vgl. zur Vorgehensweise der Beobachtung ausführlich: Schnell et al. 2008, S. 390 ff.). Für eine systematische Vorgehensweise ist es erforderlich, inhaltliche Kategorien zu entwickeln, in die die gewonnenen Beobachtungen eingeordnet werden können (vgl. Raab-Steiner und Benesch 2010, S. 44).

Eine Möglichkeit, aus der Reflexion bislang nicht hinterfragter Routineabläufe neue Erkenntnisse zu gewinnen und Veränderungen einzuleiten, besteht in der Durchführung sogenannter „Schattentage" (vgl. Projektbericht 2008, Benchmarking mit der Pflege-Charta, S. 8). Mitarbeiter einer stationären Pflegeeinrichtung begleiten an einem Tag für mehrere Stunden einen Patienten mit dessen Einverständnis als „Schatten". Für diese Zeit verlassen sie die Pflegeeinrichtung als Arbeitsplatz und begeben sich begleitend in die Institution als Platz zum Leben. In der „Schattenzeit" werden die Mitarbeiter sämtlicher Handlungsanforderungen entbunden. Das Hauptaugenmerk der Beobachtung richtet sich auf die Abläufe und Interaktionen aus der Perspektive der Bewohner/-innen. Der Beobachtungsprozess erfolgt anhand definierter Kriterien. Die Beobachtungen fließen in Feedbackgespräche und Protokolle ein, die wiederum ausgewertet werden und zu entsprechend abgeleiteten Maßnahmen führen. Die „Schattentage" werden in Wohnbereichen durchgeführt, in denen die Mitarbeiter sonst nicht arbeiten. Die Beteiligung der Mitarbeiter sollte auf freiwilliger Basis erfolgen.

4.2 Planungsinhalte einer Befragung von Pflegekunden

4.2.1 Verantwortlichkeit und durchführende Personen

Ist die Entscheidung gefällt worden, eine Patientenbefragung durch-zuführen, lauten die beiden ersten wichtigen organisatorischen Fragen, wer das Projekt leitet und wer die Befragung durchführen soll? Ihrer Bedeutung entsprechend, sollte die Verantwortung für eine Patientenbefragung grundsätzlich bei der Pflegedienstleitung liegen. Diese kann die Planung zu ihrer Unterstützung an eine andere Führungskraft oder eine(n) Mitarbeiter(in), z. B. der(m) Qualitätsbeauftragten, delegieren. Für die Planung und Umsetzung der Befragung kann ein externes Unternehmen oder Befragungsinstitut hinzugezogen werden. Denkbar ist ebenfalls, für administrative und organisatorische Aufgaben, wie z. B. die Erstellung von Unterlagen oder die tabellarische Erfassung der ausgefüllten Fragebögen, externe Personen zu beauftragen.

Wenn eigene Mitarbeiter in die Planung und Umsetzung der Patientenbefragung eingebunden werden, ist eine vorherige Schulung erforderlich. Die Schulung beinhaltet die Vermittlung der Bedeutung, Ziele und Besonderheiten sowie die inhaltliche und organisatorische Planung und Umsetzung der Patientenbefragung.

Eine Schulung ist weiterhin empfehlenswert, wenn eigene oder externe Mitarbeiter beim Ausfüllen der Fragebögen anwesend sein sollen, um auf eventuelle Rückfragen der befragten Personen einzugehen. Bei der Schulung anwesender Mitarbeiter und Interviewer geht es insbesondere darum, dass sie sich neutral verhalten, um die Antwortvergabe durch die Patienten nicht zu beeinflussen (vgl. Schnell et al. 2008, S. 352). Für den Fall, dass die Befragung in Form eines Interviews durchgeführt werden soll, ist eine vorherige Schulung sinnvoll, um unerwünschte Interviewereffekte (vgl. dazu näher Bortz und Döring 2006, S. 246–248) zu vermeiden.

Ebenfalls sollte vorab geklärt werden, wieviel Arbeitszeit den Mitarbeitern für die zusätzliche Aufgabenstellung der Patientenbefragung zur Verfügung steht (vgl. Schrank 2004, S. 59).

4.2.2 Definition der Befragungsziele

Wie weiter oben ausgeführt wurde, kann eine Patientenbefragung mit unterschiedlichen Zielen verbunden sein (vgl. Abschn. 2.4). Eine Festlegung auf eine oder mehrere Ziele ist erforderlich, weil sie die Grundlage für die Auswahl der befragten Personen und der Befragungsinhalte abgibt. So kann die Befragung durchgeführt werden, um

1. die eigene Vorgehensweise der Pflegeeinrichtung bei der Erbringung der Pflegeleistung zu reflektieren
2. die Patientenorientierung zu verstärken
3. das Vertrauen zwischen Patienten und Pflegeeinrichtung aufzubauen oder zu stärken
4. eine Mitwirkungsmöglichkeit für Patienten zu schaffen
5. die Mitarbeiterorientierung und –motivation zu fördern
6. das Verantwortungsgefühl der Führungskräfte und Mitarbeiter für Patientenzufriedenheit zu stärken
7. eine Bestätigung der vorhandenen Qualität zu erhalten

8. die aus Patientensicht relevanten Qualitätsmerkmale zu erfassen
9. Informationen ‚aus erster Hand' zu gewinnen
10. eine Selbstanalyse und Eigenbewertung der Pflegeeinrichtung durchzuführen
11. eine qualitätsorientierte Pflege sicherzustellen
12. Verbesserungsbedarf und Fehlerquellen zu erkennen
13. die Pflegeeinrichtung auf die MDK-Prüfung vorzubereiten und einen Nachweis eigener QM-Anstrengungen zu erbringen
14. Beschwerden vorzubeugen und ‚böse Überraschungen' zu vermeiden
15. neue Ansätze für Führung und Personalentwicklung zu gewinnen
16. die Mitarbeiterzufriedenheit und Motivation zu fördern
17. organisatorische Schwachstellen zu ermitteln
18. etwaigen Qualifizierungsbedarf festzustellen und zu begründen
19. Veränderungsbedarf aufzuzeigen
20. das Verantwortungsbewusstsein der Mitarbeiter zu stärken
21. die Pflegeeinrichtung gegenüber der Konkurrenz positiv zu differenzieren
22. um einen Imageaufbau und eine positive Außendarstellung zu bewirken
23. neue Leistungsangebote zu entwickeln
24. neue Patienten zu gewinnen
25. Patientenzufriedenheit zu erzielen
26. eine positive Mundpropaganda zu erzeugen und empfohlen zu werden

Um die Unterstützung aller Mitarbeiter für die Patientenbefragung zu fördern, sollte der Eindruck vermieden werden, dass die Patientenbefragung mit dem Ziel der Einsparung von Personalstellen durchgeführt wird (vgl. hierzu beispielsweise Schrank 2004, S. 101). Ist dieser Eindruck erst einmal entstanden, werden die Mitarbeiter die Befragung vermutlich wenig engagiert oder gar nicht unterstützen. Wenn sich im Ergebnis tatsächlich herausstellt, dass Pflegemitarbeiter hohe Leerzeiten aufweisen oder dass sie Arbeiten durchführen, für die sie nicht zuständig sind und die nicht vergütet werden, lassen sich daraus auch Folgerungen über die Effizienz der Führung und Organisation oder der Zusammenarbeit mit externen Dienstleistern und Kooperationspartnern ziehen.

4.2.3 Bestimmung der Zielgruppe der Befragung

Allgemein formuliert besteht eine bedeutende Zielsetzung einer Befragung von Pflegekunden darin, eine Bewertung der Leistungen der Pflegeeinrichtung zu erhalten. Aus diesem Grund ist es sinnvoll, Patienten direkt zu befragen. Es sind jedoch auch Situationen denkbar, in denen Patienten aus gesundheitlichen Gründen nicht in der Lage sind, sich ein Urteil zu bilden oder eine Aussage zu treffen.

Schriftliche Befragungen werden in der Regel mit Hilfe eines standardisierten Fragebogens durchgeführt, der den Befragten entweder postalisch übermittelt oder zur eigenen Bearbeitung ausgehändigt wird. Daraus ergibt sich für die Interpretation der Befragungsergebnisse die Problematik, dass nicht sicherzustellen ist, dass die zu befragende Person den Fragebogen alleine und ohne fremde Hilfe ausfüllt (vgl. Schnell et al. 2008, S. 359). Auswertungen einer Befragung von Patienten, die sich in ambulanter Pflege befanden, führten zu dem Ergebnis, dass nur ca. 20 % der befragten Patienten ihren Fragebogen alleine ausgefüllt haben. Ungefähr 30 % der Patienten wurden durch Angehörige unterstützt, und beinahe 50 % der Fragebögen wurden von Angehörigen allein ausgefüllt. Eine geringe Anzahl von ca. 5 % der Patienten wurde bei der Beantwortung von ihrem Pflegedienst unterstützt (vgl. Wingenfeld 2003, S. 36).

Es gibt eine Reihe von Gründen, die dafür sprechen, dass auch Angehörige oder Betreuer kompetente Auskunft zu den im Rahmen der Befragung formulierten Fragen geben können. Patienten werden häufig von Familienmitgliedern oder gesetzlichen Betreuern unterstützt, wenn es um die Auswahl einer Pflegeeinrichtung, die Festlegung von pflegerischen und hauswirtschaftlichen Leistungen, die Beschaffung von Hilfsmitteln oder um die Koordination der laufenden Zusammenarbeit mit einer Pflegeeinrichtung geht. Oftmals sind diese Personen anwesend, wenn die Pflege durchgeführt wird. Pflegende sind häufig auch auf die Mitwirkung Angehöriger angewiesen, wenn die Pflegebedürftigkeit ein bestimmtes Ausmaß erreicht hat (vgl. Schrank 2004, S. 36 f.). Angehörige sind in der Regel eine wichtige Informationsquelle, wenn es um die Beurteilung des Gesundheitszustandes des Patienten geht. Auch sind die Auswirkungen einzelner Pflegehandlungen auf den Alltag des Patienten, die Funktionsfähigkeit von Hilfsmitteln (Rollstühlen, Gehhilfen usw.) oder die Zusammenarbeit mit der Pflegeeinrichtung durchaus kompetent von Angehörigen zu beurteilen. Nicht selten üben sie einen Einfluss auf die Wahl zusätzlicher Leistungen und Serviceangebote aus. Es kann deshalb empfehlenswert sein, die Angehörigen und Betreuungspersonen in Einzelfällen in die Befragung einzubeziehen oder sogar eigenständig zu befragen, um fundierte Aussagen über die Pflegeeinrichtung zu erhalten. Wenn anzunehmen ist, dass einzelne Patienten mit der Teilnahme an der Befragung überfordert werden, oder wenn der Gesundheitszustand ihnen eine selbstständige Teilnahme erschwert, empfiehlt es sich, die Angehörigen von Beginn an einzubeziehen oder eigenständig zu befragen (vgl. Zinn 2010, S. 232).

Die vorgetragenen Überlegungen und Ergebnisse sind deshalb bemerkenswert, weil die Sichtweisen und Bewertungen von Patienten und Angehörigen abweichend sein können. Allerdings lässt es sich wohl kaum vermeiden, dass sich Patienten beim Ausfüllen eines Fragebogens den Rat ihrer Angehörigen einholen. *Es ist daher zu empfehlen, in dem Fragebogen eine entsprechende Frage einzubauen, um eine Mitwirkung von Angehörigen festzustellen.*

Die Auswahl der Zielgruppe ist auch mit der Fragestellung verknüpft, welcher Bereich der Pflegeeinrichtung näher betrachtet werden soll. Je nach Zielsetzung ist es möglich, die Befragung im Bereich der ambulanten Versorgung, in der Tagespflege, im Pflegeheim bzw. in einzelnen Wohnbereichen oder im Betreuten Wohnen durchzuführen.

4.2.4 Gestaltung des Fragebogens

Neben der inhaltlichen Aufbereitung eines Fragebogens ist seine
formale Gestaltung ebenfalls wichtig für die erfolgreiche Durchführung einer Befragung. Dies ist besonders dann der Fall, wenn
die Patienten oder Angehörigen den Fragebogen alleine ausfüllen.
Der Fragebogen sollte ästhetisch schön aufbereitet sein, die Wichtigkeit der Befragung vermitteln und leicht verständlich sein. Ein
Deckblatt eignet sich dazu, den Namen und das Logo der Pflegeeinrichtung abzubilden und die Zielsetzung der Befragung aus Sicht der
Patienten zusammenzufassen. Ein Hinweis darauf, dass die ausgefüllten Bögen anonym behandelt werden, fördert das Vertrauen der
Patienten. Darin sollte zum Ausdruck kommen, dass keine Rückschlüsse auf die befragte Person möglich sind (vgl. Schrank 2004,
S. 69). Empfehlenswert ist es, auf einer nächsten Seite eine kurze
Ausfüllanleitung zu geben und ein Beispiel für die Beantwortung
einer Frage aufzuführen. Für die Fragen und Antworten ist eine gut
lesbare Schrift zu verwenden, um älteren Patienten mit Sehstörun-
gen das Lesen und Ausfüllen zu erleichtern. Außerdem ist darauf zu
achten, dass die Fragen und die dazugehörigen Antworten immer auf
einer Seite sind und nicht auseinandergerissen werden. Dies erleichtert die Übersichtlichkeit und hilft zu vermeiden, dass die Befragten
einzelne Antwortmöglichkeiten übersehen. Die letzte Seite enthält
eine Dankesformel und einen Hinweis an die Befragten, auf Wunsch
eigene Bemerkungen zur Befragung abzugeben (vgl. Schnell et al.
2008, S. 361 f.; vgl. Schrank 2004, S. 67 f.).

4.2.5 Information der Befragungsteilnehmer

Die Information aller Befragungsteilnehmer über die Ziele, Inhalte und den organisatorischen und zeitlichen Ablauf der Befragung
ist ein wesentlicher Bestandteil der Vorbereitung einer Patientenbefragung. Befragungsteilnehmer in diesem Sinne sind die Befragten

selbst sowie ihre Angehörigen. Beteiligte sind diejenigen Personen, die an der Planung und organisatorischen Umsetzung der Befragung mitwirken.

Patientenbefragungen sind eine sinnvolle Maßnahme, um einen Veränderungs- und Entwicklungsbedarf in der Pflegeeinrichtung aufzuzeigen. Aus *motivationsorientierter Sicht* begründet sich der Stellenwert einer gründlichen Information daraus, dass die Art und Weise der Informationsvermittlung ein bedeutender Erfolgsfaktor für die Motivation und die *Akzeptanz von Veränderungsprozessen* durch die Mitarbeiter ist. Wenn Mitarbeiter bereits von Beginn an informiert und in die Vorbereitungen einbezogen werden, können sie frühzeitig ihre Ideen, Anregungen, Wünsche und Bedürfnisse in den Veränderungsprozess einbringen (vgl. Helbig 2003, S. 195).

Eine vollständige Information kann dazu beitragen, Vertrauen aufzubauen und die Motivation für die Teilnahme der Patienten oder die Unterstützung durch die Mitarbeiter zu erhöhen. Es empfiehlt sich, im Rahmen der vorherigen Information mehrmals darauf aufmerksam zu machen, wie wichtig die Meinung der Patienten für die Qualität in der Pflegeeinrichtung ist. Sinnvoll ist weiterhin ein Hinweis, dass die Teilnahme der Patienten freiwillig erfolgt und dass die Fragebögen anonym ausgewertet werden.

Die Information sollte sowohl schriftlich als auch mündlich erfolgen. Mitarbeiter können in Teambesprechungen oder in einer eigens dafür angesetzten Versammlung über die geplante Befragung informiert werden. Dabei können die Ziele und Inhalte der Befragung detailliert vorgestellt werden. Die Mitarbeiter erhalten dabei Gelegenheit, konkrete Fragen zum Inhalt und zum Verständnis zu stellen.

Patienten in einer *stationären Pflegeeinrichtung* können im Rahmen eines Informationsnachmittages oder individuell durch die Pflegemitarbeiter informiert werden. Angehörige können dazu eingeladen werden. Es empfiehlt sich, den Heimbeirat von Beginn an in die Vorbereitungen für die Patientenbefragung einzubeziehen.

Patienten und Angehörige einer *ambulanten Pflegeeinrichtung* können ebenfalls an einem Informationsnachmittag über die Befragung informiert werden. Mit Personen, die an einer Teilnahme verhindert sind, können im Rahmen der Hausbesuche Gespräche über die Ziele und den Ablauf der Befragung erfolgen. Dabei ist genügend Zeit einzuplanen, um den Befragten den Aufbau und den Umgang mit dem Fragebogen zu erläutern.

Eine weitere Information sollte mit einem Anschreiben erfolgen. Dieses kann den Patienten und Angehörigen bei der Übergabe der Befragungsunterlagen ausgehändigt werden. In stationären Einrichtungen besteht die Möglichkeit, zusätzlich einen Aushang anzufertigen. Das Anschreiben sollte in einem freundlichen Sprachstil erfolgen, das Ziel der Befragung zusammenfassen und die Anonymität noch einmal zusichern. Empfehlenswert ist ein Hinweis darauf, dass die Patienten sich bei Unklarheiten jederzeit an einen Ihnen vertrauten Mitarbeiter in der Pflege wenden können.

Information der Befragungsteilnehmer bezieht sich auch auf die Ergebnisse der Befragung. Soweit diese feststehen, sollten sie den Beteiligten in verständlicher Form mitgeteilt werden. Aus Gründen der Motivation ist zu empfehlen, Verbesserungsmaßnahmen ebenfalls zu kommunizieren, die aufgrund der Befragung eingeleitet werden.

4.2.6 Sicherstellung der Vertraulichkeit der Auswertung

Sowohl bei Patienten als auch bei Mitarbeitern kann es in Verbindung mit einer Patientenbefragung zu Befürchtungen kommen, was mit den Befragungsergebnissen geschieht und welche Konsequenzen daraus erwachsen. Aus diesem Grund sind organisatorische Maßnahmen erforderlich, welche eine vertrauliche Behandlung der Befragungsunterlagen und -ergebnisse sicherstellen. Um Rückschlüsse auf einzelne Patienten oder betreuende Pflegemitarbeiter auszuschließen, sollte der Fragebogen keine persönlichen Angaben enthalten, die derartige Rückschlüsse erlauben. Ausgefüllte Fragebögen sollten in einem verschlossenen Umschlag zurückgegeben werden. In einer ambulanten Pflegeeinrichtung können die verschlossenen Umschläge bei den Hausbesuchen eingesammelt werden. In einem Pflegeheim kann dafür eine eigene Box aufgestellt werden, in die die Bewohner die verschlossenen Umschläge hineinwerfen können. Die Erfassung und Auswertung der Befragungsergebnisse erfordert, dass die Unterlagen von den durchführenden Personen eingesehen werden. Um hier eventuelle Rückschlussmöglichkeiten auszuschließen, bietet es sich an, die Erfassung und Zusammenstellung der Ergebnisse durch Mitarbeiter aus anderen Abteilungen, z. B. der Verwaltung, durchführen zu lassen.

Wenn ein Ziel der Befragung darin besteht, die Patientenmeinung für bestimmte Teilbereiche der Pflegeeinrichtung, z. B. des Pflegeheimes oder der ambulanten Pflege, zu erheben, sollte auf geeignete Weise sichergestellt werden, dass eine organisatorische Zuordnung möglich ist. Dies kann dadurch geschehen, dass die Befragungen der Bereiche zu unterschiedlichen Zeitpunkten stattfinden. Weiterhin können Unterscheidungsmerkmale wie bunte Rückumschläge verwendet werden, die jedoch keinen Rückschluss auf einzelne Patienten oder Mitarbeiter zulassen.

4.2.7 Organisatorische Vorbereitungen

Abschließend sind im Rahmen der organisatorischen Vorbereitungen einer Patientenbefragung die folgenden Fragen zu klären:

1. Zu welchem Zeitpunkt und in welchem Zeitraum soll die Befragung durchgeführt werden?
2. Wie und durch wen werden die Befragungsunterlagen den Befragten zugestellt und wieder eingesammelt?
3. Wie werden die Befragungsergebnisse unterschiedlichen organisatorischen Bereichen zugeordnet (z. B. Wohnheim, Ambulante Pflege), ohne dass Rückschlüsse auf einzelne Patienten oder Mitarbeiter möglich sind?

4. Wie und durch wen werden die Befragungsergebnisse erfasst und zusammengestellt?
5. In welcher Weise und durch wen werden die Patienten, Angehörigen und Mitarbeiter über die Ergebnisse der Patientenbefragung informiert?
6. In welchen Gremien werden die Befragungsergebnisse besprochen und ausgewertet?

Die organisatorischen Fragen lassen sich gemeinsam mit allen anderen Teilaufgaben der Durchführung einer Patientenbefragung in einem Planungskonzept zusammenfassen. Dieses ermöglicht den Verantwortlichen die zielgerichtete Planung und Steuerung der Patientenbefragung.

4.2.8 Beispiele für die inhaltliche Entwicklung eines Fragebogens

▶ Die bisherigen Ausführungen verfolgten das Ziel, Führungskräften und Verantwortlichen für das Qualitätsmanagement in Pflegeeinrichtungen eine Hilfestellung für die Erarbeitung einer Patienten-, Bewohner- oder Angehörigenbefragung zu bieten. Inhaltliche, planerische, organisatorische und methodische Grundlagen für die Konzeption einer Befragung wurden verständlich aufbereitet. Die folgenden Beispiele zeigen Möglichkeiten auf, wie ein Fragebogen inhaltlich aufbereitet werden kann, um den vorab festgelegten Zielen einer Befragung gerecht zu werden.

Dabei wird auf Ziele Bezug genommen, die in Kap. 2 dargestellt worden sind. Beispielhaft werden in den nun folgenden Ausführungen für die Ziele

- Ermittlung organisatorischer Schwachstellen
- Qualifizierungsbedarf für Mitarbeiter feststellen
- Imageaufbau und positive Außendarstellung

jeweils 5 Items vorgestellt. Die tatsächliche Anzahl der Items soll-te vorab gut überlegt werden. Vor dem Hintergrund, die befragten Personen nicht zu überfordern, sollte ein Fragebogen nicht zu lang sein. Je nach Belastbarkeit der Patienten bzw. Bewohner können 20 Items schon eine erhebliche Herausforderung darstellen. Stattdessen kann es ratsam sein, in zeitlichen Abständen jeweils unterschied-liche Befragungen mit jeweils 10 Items durchzuführen. Auf diese Weise lassen sich auch einzelne Themengebiete oder Zielsetzungen in den Befragungen separat behandeln und auswerten. Zudem kann durch diese Vorgehensweise bei den durchführenden Mitarbeitern der Pflegeeinrichtung ein Lerneffekt für die Planung und Umset-zung einer Befragung erzielt werden, indem die gemachten Erfah-rungen jeweils besprochen und ausgewertet werden.

Die im Folgenden formulierten Items beziehen sich auf unter-schiedliche Themengebiete und berücksichtigen Kriterien der Leis-tungsqualität aus Patientensicht, wie sie in Abschn. *2.3.3 Qualitäts-merkmale aus Sicht der Patienten* zusammengefasst worden sind. Bei der Darstellung der Items bleiben ästhetische, formal-gestalteri-sche Kriterien wie Layout und Schriftgröße sowie Aspekte der Cor-porate Identity des Fragebogenformulars unberücksichtigt.

▶ **Zusatzmaterialien zum Buch** Zu den im Buch aufgeführ-ten Inhalten gibt es eine Dateisammlung mit Zusatzmate-rialien, die separat direkt beim Autoren bezogen werden können. Die Zusatzmaterialien enthalten eine Beispiel-sammlung mit ca. 250 Items und dazu passenden mög-lichen Antwortskalen. Die Items sind inhaltlich aus den „Themengebieten und Kriterien der Leistungsqualität aus Patientensicht" abgeleitet. Die große Anzahl möglicher Themengebiete einer Befragung sowie unterschiedlicher

Frageninhalte bzw. Items weist darauf hin, dass es unbedingt erforderlich ist, entsprechend der Zielsetzung der Befragung eine passende Auswahl der dazugehörigen Items vorzunehmen. Aus diesem Grund ist es auch nicht sinnvoll, im Rahmen dieses Buches einen bestimmten Fragebogen vorzugeben und zur Anwendung zu empfehlen. Vielmehr ist es erforderlich, entsprechend der Zielsetzung der Pflegeeinrichtung für die Befragung einen individuellen Bogen zu entwickeln.

Mit Hilfe der Item-Sammlung lassen sich schnell und einfach aussagefähige Fragebögen mit unterschiedlichen Befragungszielen und zu verschiedenartigen Themengebieten erstellen.

Die Zusatzmaterialien können direkt unter der E-Mail-Adresse: „e-mail@heinrichbolz.de" bestellt werden.

Die im Folgenden ausgesuchten Items, die sich auf eine Zielsetzung beziehen, können aus unterschiedlichen Themengebieten stammen. So kann z. B. im Rahmen der Zielsetzung „Ermittlung organisatorischer Schwachstellen" in einer ambulanten Pflegeeinrichtung die Frage gestellt werden, ob ‚das Pflegepersonal zu den abgestimmten Zeiten kommt'. Dieses Item ist in der Beispielsammlung dem Themengebiet „Pflegepersonal" zugeordnet, weil Patienten die Pünktlichkeit durch die Pflegemitarbeiter unmittelbar wahrnehmen. Aus Sicht der Pflegeeinrichtung kann Unpünktlichkeit jedoch ein Hinweis auf organisatorische Fehlplanungen sein. Ein anderes Statement, das Aufschluss über mögliche organisatorische Schwachstellen liefert, kann lauten: „Der Pflegedienst ist bei Bedarf für mich leicht erreichbar." Dieses Statement ist in der Beispielsammlung dem Themengebiet „Organisation" zugeordnet.

Beispielfragen für die Zielsetzung: Ermittlung organisatorischer Schwachstellen

1. Der Pflegedienst ist bei Bedarf für mich leicht erreichbar

trifft zu	O
trifft eher zu	O
trifft teilweise zu	O
trifft eher nicht zu	O
trifft nicht zu	O

2. Wenn ich eine Frage an die Verwaltung habe, dann erreiche ich einen Ansprechpartner.

trifft zu	O
trifft eher zu	O
trifft teilweise zu	O
trifft eher nicht zu	O
trifft nicht zu	O

3. Die Aufnahme verlief reibungslos und zügig.

trifft zu	O
trifft eher zu	O
trifft teilweise zu	O
trifft eher nicht zu	O
trifft nicht zu	O

4. Das Pflegepersonal kommt zu den abgesprochenen Zeiten.

nie	O
selten	O
gelegentlich	O
oft	O
immer	O

5. Die Mitarbeiter reagieren schnell, wenn ich Hilfe oder Unterstützung benötige.

trifft zu   O

trifft eher zu   O

trifft teilweise zu   O

trifft eher nicht zu   O

trifft nicht zu   O

Beispielfragen für die Zielsetzung: Qualifizierungsbedarf für Mitarbeiter feststellen, um die Patientenkommunikation und Individualität der Patientenbetreuung zu gewährleisten

1. Das Pflegepersonal hört mir aufmerksam zu, wenn ich über Probleme mit meiner Erkrankung erzähle.

trifft zu   O

trifft eher zu   O

trifft teilweise zu   O

trifft eher nicht zu   O

trifft nicht zu   O

2. Ich werde von den Mitarbeitern mit meinem Namen angesprochen.

nie   O

selten   O

gelegentlich   O

oft   O

immer   O

3. Meine Wünsche werden bei der Planung und Durchführung der Pflege berücksichtigt.

trifft zu   O

trifft eher zu   O

trifft teilweise zu   O

trifft eher nicht zu   O

trifft nicht zu   O

4. Die Pflegemitarbeiter geben Informationen, die für meine Pflege wichtig sind, untereinander weiter.

nie	O
meistens nicht	O
gelegentlich	O
meistens	O
immer	O

5. Das Pflegepersonal ist freundlich und höflich zu mir

trifft zu	O
trifft eher zu	O
trifft teilweise zu	O
trifft eher nicht zu	O
trifft nicht zu	O

Beispielfragen für die Zielsetzung: Imageaufbau und positive Außendarstellung

1. Die Pflegeeinrichtung wurde mir empfohlen:

a) durch Familienangehörige	ja O	nein O
b) durch Freunde/Bekannte	ja O	nein O
c) durch meinen Hausarzt / Facharzt	ja O	nein O
d) durch die Krankenkasse	ja O	nein O
e) durch die Kirchengemeinde	ja O	nein O
f) durch eine andere Organisation	ja O	nein O

Name der anderen Organisation: _____

2. Das Personal macht einen gepflegten Eindruck

stimme voll zu	O
stimme eher zu	O
teils / teils	O
stimme eher nicht zu	O
stimme überhaupt nicht zu	O

3. Ich habe den Eindruck, dass die Pflegemitarbeiter gut mit auswärtigen Personen zusammenarbeiten (Haushaltshilfen, Apotheker, Sanitätshaus usw.)

stimme voll zu	O
stimme eher zu	O
teils / teils	O
stimme eher nicht zu	O
stimme überhaupt nicht zu	O

4. Vor der Aufnahme wurde ich umfassend über die Leistungsangebote der Pflegeeinrichtung informiert

trifft zu	O
trifft eher zu	O
trifft teilweise zu	O
trifft eher nicht zu	O
trifft nicht zu	O

5. Die sanitären Anlagen im Wohnheim sind sauber

trifft zu	O
trifft eher zu	O
trifft teilweise zu	O
trifft eher nicht zu	O
trifft nicht zu	O

Die bisherigen Beispiele beinhalten Items aus verschiedenen Themengebieten. Wenn eine Pflegeeinrichtung sich darüber informieren möchte, wie sich das allgemeine Wohlbefinden aus Sicht ihrer Patienten darstellt, können zum Beispiel die folgenden Items ausgewählt werden, die in der Beispielsammlung dem Themengebiet „Gesundheit und Wohlbefinden" zugeordnet wurden.

Beispielfragen für das Themengebiet „Gesundheit und Wohlbefinden"

1. Ich empfinde die Pflege durch die Mitarbeiter als angenehm

stimme voll zu   O

stimme eher zu   O

teils / teils   O

stimme eher nicht zu   O

stimme überhaupt nicht zu   O

2. Ich wurde auf mögliche Sturzgefahren in meine Wohnung aufmerksam gemacht

ja   O   nein   O

3. Der Pflegedienst kümmert sich um ärztliche Unterstützung, um meine Schmerzen zu beseitigen

trifft zu   O

trifft eher zu   O

trifft teilweise zu   O

trifft eher nicht zu   O

trifft nicht zu   O

4. Ich erhalte Unterstützung, meine Bewegungsfähigkeit zu erhalten und zu verbessern

trifft zu	O
trifft eher zu	O
trifft teilweise zu	O
trifft eher nicht zu	O
trifft nicht zu	O

5. Die Pflegekräfte sprechen mit mir darüber, wie ich mich ernähren soll (Essen und Trinken)

trifft zu	O
trifft eher zu	O
trifft teilweise zu	O
trifft eher nicht zu	O
trifft nicht zu	O

4.2.9 Wichtige Bestandteile eines Anschreibens

Der Fragebogen sollte zusammen mit einem Anschreiben an die gewünschten Teilnehmer übergeben bzw. zugeschickt werden. Das Ziel eines Anschreibens besteht darin, die Patienten, Bewohner oder Angehörigen über die geplante Befragung zu informieren. Zudem sollte das Anschreiben die Bereitschaft und Akzeptanz erzeugen, an der Befragung teilzunehmen. Es ist zu empfehlen, für das Anschreiben einen offiziellen Briefbogen zu verwenden, der den Namen, die Anschrift, die Kontaktdaten sowie das Logo der Pflegeeinrichtung enthält. Das Anschreiben sollte die folgenden Bestandteile beinhalten:

1. Anrede
2. Überschrift
3. Neutrale Einleitung
4. Aufforderung zum Ausfüllen des Fragebogens
5. Ausführungen zum Inhalt des Fragebogens
6. Erläuterungen zum Ausfüllen des Fragebogens
7. Hinweise zur Freiwilligkeit der Teilnahme an der Befragung
8. Zusicherung von Anonymität und Vertraulichkeit
9. Hinweise zur Abgabe des Fragebogens
10. Angebot für Rückfragen
11. Dankesformel
12. Unterschrift

Die folgenden Ausführungen enthalten Textbausteine, die Anregungen geben sollen, um ein Anschreiben in diesem Sinne verständlich zu formulieren. Die alternativen Formulierungsvorschläge sollen zugleich verdeutlichen, dass es unterschiedliche Möglichkeiten gibt, einem Anschreiben einen eher formalen und sachlichen oder emotionalen Stil zu geben.

Anrede
Sehr geehrte Patientin, sehr geehrter Patient
Liebe Patientin, lieber Patient
Personalisiert: Liebe Frau.../Lieber Herr...
(Anmerkung: entsprechend der Zielgruppe, wenn die Befragung an Bewohner oder Angehörige gerichtet ist)

Überschriften
Patientenbefragung/Bewohnerbefragung
Ihre Meinung ist uns wichtig
Ihre Zufriedenheit ist uns wichtig
Gemeinsam für ein schönes Leben
Schenken Sie uns einige Minuten Ihre Aufmerksamkeit
Damit wir noch besser für Sie da sein können

Einleitung Neutral

alternativ:

Um Ihre Wünsche und Anregungen in unserer Arbeit zu berücksichtigen, führen wir jedes Jahr eine Patientenbefragung/Bewohnerbefragung durch.

alternativ:

Im Rahmen unseres Qualitätsmanagements möchten wir eine Patientenbefragung durchführen. Dadurch versprechen wir uns, von Ihnen zu erfahren, wie Sie Ihren Aufenthalt in unserer Pflegeeinrichtung erleben, und wie wir unsere Leistungen in Ihrem Sinne verbessern können.

alternativ:

Wir möchten in unserer Pflegeeinrichtung eine Befragung durchführen, um festzustellen, wie zufrieden Sie mit unseren Leistungen sind.

alternativ:

Unsere Pflegeeinrichtung hat sich zum Ziel gesetzt, Ihnen eine bestmögliche Versorgung zukommen zu lassen. Getreu unserem Leitbild: „....." möchten wir sicherstellen, Ihren Erwartungen und Wünschen in jeder Hinsicht zu entsprechen.

alternativ:

Unsere Pflegeeinrichtung hat sich zum Ziel gesetzt, Ihnen eine bestmögliche Versorgung zukommen zu lassen. Um die Qualität unserer Leistungen zu gewährleisten, ist uns Ihre Meinung sehr wichtig.

alternativ:

Es ist uns sehr daran gelegen, alle Ihre Erwartungen und Wünsche zu berücksichtigen. Deshalb bitten wir Sie ganz herzlich um Ihre persönliche Meinung.

alternativ:

Ihre Meinung ist uns wichtig, um zu erfahren, in welcher Weise wir Ihre Versorgung nach Ihren Wünschen gestalten können.

alternativ:

Ihre Meinung ist uns wichtig, um zu erfahren, in welcher Weise wir Ihre Versorgung verbessern können.

alternativ:

Ihre Meinung ist uns wichtig, um zu erfahren, welche zusätzlichen Leistungen Sie von unserer Pflegeeinrichtung erwarten.

alternativ:

Ihre offene Meinung interessiert uns sehr. Deshalb freuen wir uns auf Ihre Anregungen und Kritik.

Alternativ (für Angehörigenbefragungen):

Um die Zusammenarbeit mit den Angehörigen unserer Patienten/ Bewohner zu verbessern, führen wie eine Befragung durch.

Alternativ (für Angehörigenbefragungen):

Die Betreuung Ihres Angehörigen ist für Sie mit viel Mühe und Anstrengungen verbunden. Deshalb liegt es uns besonders am Herzen, Sie dabei zu unterstützen. Nicht immer ist es für Außenstehende klar ersichtlich, wie hoch Ihre täglichen Belastungen wirklich sind, und an welchen Stellen Sie wirksame Hilfe benötigen.

Aufforderung zum Ausfüllen des Fragebogens

alternativ:

Wir überreichen Ihnen heute diesen Fragebogen zur Beurteilung unserer Pflegeleistung (alt.: Serviceleistungen/Betreuungsmaßnahmen usw.).

alternativ:

Um die Qualität unserer Pflegeeinrichtung sicher zu stellen, überreichen wie Ihnen heute den beiliegenden Fragebogen.

alternativ:

Deshalb würden wir uns freuen, wenn Sie den beiliegenden Fragebogen ausfüllen.

alternativ:

Aus diesem Grund möchten wir Sie herzlich bitten, den beiliegenden Fragebogen auszufüllen.

alternativ:

Deshalb bitten wir Sie herzlich, sich ein paar Minuten Zeit zu nehmen und die folgenden Fragen zu beantworten.

alternativ:

Deshalb bitten wir Sie um Ihre Mithilfe, indem Sie den beiliegenden Fragebogen ausfüllen.

alternativ:

Sie können uns eine wertvolle Hilfe leisten, indem Sie den beiliegenden Fragebogen ausfüllen.

alternativ:

Wir möchten Ihnen Ihren Aufenthalt so angenehm wie möglich bereiten. Durch die Beantwortung der Fragen unterstützen Sie uns dabei, die Qualität Ihrer Pflege und Betreuung zu überprüfen und weiter zu verbessern.

zusätzlich:

Lesen Sie bitte zuerst die nachstehenden Ausführungen. Darin beschreiben wir, wie Sie den Fragebogen ausfüllen können.

Ausführungen zum Inhalt des Fragebogens

alternativ:

Es interessiert uns, welchen Gesamteindruck Sie von unserer Pflegeeinrichtung haben. Dazu haben wir auf den nächsten Seiten einige Aussagen (*bzw. Fragen*) zu unseren Leistungen formuliert. Sie beziehen sich auf (die tägliche Pflege/auf unser Freizeitangebot/ auf die wohnliche Einrichtung/die Zusammenarbeit mit Ihnen (*usw. ...*) in unserem Haus.

alternativ:

Der Fragebogen wurde von unseren Mitarbeitern entwickelt und in Zusammenarbeit mit dem Heimbeirat fertig gestellt. Wir möchten gerne von Ihnen wissen, wie zufrieden Sie mit unserer Arbeit sind und was wir verbessern können.

alternativ:

Auf den nächsten Seiten finden Sie einen Fragebogen mit verschiedenen Aussagen zu unseren Leistungen. Wir würden von Ihnen gerne wissen, wie zufrieden Sie *mit unseren Pflegeleistungen, mit den Freizeitmöglichkeiten, der Verpflegung und den anderen Serviceleistungen sind.*

alternativ:

Auf den nächsten Seiten finden Sie einen Fragebogen mit verschiedenen Aussagen zu unseren Leistungen. Wir würden von Ihnen gerne wissen, wie zufrieden Sie mit den dort aufgeführten Teilaufgaben unserer Arbeit sind.

Alternativ (für Angehörigenbefragungen)

Der Fragebogen enthält verschiedene Aussagen (bzw. Fragen) über die bisherige Zusammenarbeit mit Ihnen und Ihrem Angehörigen.

Alternativ (für Angehörigenbefragungen)

Ziel der Befragung ist es, Anregungen zu erhalten, wie wir Sie bei der Pflege Ihres Angehörigen mehr unterstützen können. Dabei interessiert uns besonders, welche zusätzlichen Leistungen Sie von uns erwarten, um Ihnen Ihren Alltag zu erleichtern. Außerdem möchten wir gerne in Erfahrung bringen, wie zufrieden Sie mit der Zusammenarbeit mit unserer Pflegeeinrichtung sind. Dabei liegt uns besonders am Herzen, welche zusätzlichen Informationen Sie von uns wünschen, um Ihnen die Betreuung Ihres Angehörigen zu erleichtern.

Erläuterungen zum Ausfüllen des Fragebogens
alternativ:

Dazu haben wir auf den nächsten Seiten einige Aussagen (*bzw. Fragen*) zu unseren Leistungen formuliert. Nach jeder Aussage können Sie zwischen verschiedenen Antworten wählen.

alternativ:

Zu jeder Frage (*bzw. Aussage*) haben wir verschiedene Antwortmöglichkeiten vorgeschlagen. Bitte geben Sie Ihr Kreuz immer derjenigen Antwort, die Ihrer persönlichen Erfahrung und Einschätzung am besten entspricht.

alternativ:

Zu jeder Aussage (*bzw. Frage*) haben wir mehrere Antwortmöglichkeiten vorgegeben. Kreuzen Sie in dem dazugehörigen Kästchen bitte an, welche Antwort Ihrer Meinung nach zutrifft. Da uns Ihre

persönliche Meinung interessiert, gibt es auch keine „richtigen"
oder „falschen" Antworten.

alternativ:

Im folgenden Beispiel sehen Sie, in welcher Weise die Fragen beantwortet werden. Für jede Frage haben wir verschiedene Antwortmöglichkeiten vorgeschlagen. Machen Sie bitte bei der Antwort, die
Ihnen am meisten zusagt, ein Kreuz in das dazugehörige Kästchen.

alternativ:

Soweit es Ihnen möglich ist, möchten wir Sie bitten, jede Frage
zu beantworten. So können wir uns ein vollständiges Bild über Ihre
Zufriedenheit und Bewertung unserer Leistungen machen.

alternativ:

Selbstverständlich ist Ihre Teilnahme freiwillig. Wenn Sie sich
entscheiden, an der Befragung teilzunehmen, möchten wir Sie bitten, jede Frage zu beantworten. So können wir uns ein vollständiges
Bild über Ihre Zufriedenheit und Bewertung unserer Leistungen machen.

alternativ:

Bitte beantworten Sie möglichst alle Fragen, damit wir ein vollständiges Bild über unseren Pflegedienst erhalten. Wenn Sie eigene
Kommentare abgeben möchten, oder wenn Sie uns sonst etwas mitteilen wollen, können Sie dies am Ende des Fragebogens gerne tun.

Hinweise zur Freiwilligkeit der Teilnahme an der Befragung

alternativ:

Ihre Teilnahme an der Befragung ist selbstverständlich freiwillig.
Bitte entscheiden Sie vorher, ob Sie den Fragebogen ausfüllen wollen.

alternativ:

Ihre Teilnahme an der Befragung ist selbstverständlich freiwillig.
Wenn Sie mitmachen, freuen wir uns schon jetzt darauf, von Ihren
Erfahrungen und Antworten zu lernen.

Zusicherung von Anonymität und Vertraulichkeit
alternativ:

Die Befragung und ihre Auswertung erfolgen anonym. Wir können nach Erhalt des Fragebogens nicht erkennen, von wem er ausgefüllt wurde. Ein Rückschluss auf Ihre Person ist nicht möglich.

alternativ:

Wir möchten Sie bitten, Ihren Namen *nicht* auf den Fragebogen zu schreiben. Ihre persönlichen Daten können deshalb nicht mit Ihnen in Verbindung gebracht werden. Ihre Angaben zur Person dienen nur statistischen Zwecken.

alternativ:

Ihre Antworten werden selbstverständlich vertraulich und anonym ausgewertet. Es kann deshalb niemand erfahren, wie Sie die Fragen persönlich beantwortet haben. Um dies sicher zu stellen, stecken Sie bitte den ausgefüllten Fragebogen in den beiliegenden Umschlag und kleben ihn bitte zu. (*bzw. werfen ihn in die verschlossene Sammelbox*).

alternativ:

Die Befragung wird streng vertraulich durchgeführt. Sie brauchen deshalb nicht zu befürchten, durch Ihre Antworten irgendwelche Nachteile zu erfahren. Vielmehr ist es unsere Absicht, unsere Patienten/Bewohner zufrieden zu stellen.

alternativ:

Die Antworten werden aus allen Fragebögen zusammen und anonym ausgewertet. Auf diese Weise kann niemand erfahren, wie Sie persönlich geantwortet haben.

Hinweise zur Abgabe des Fragebogens
alternativ:

Stecken Sie den ausgefüllten Fragebogen bitte in den beiliegenden Umschlag, und kleben Sie den Umschlag dann bitte zu. Werfen Sie ihn in die Sammelbox, die in Ihrem Wohnbereich (*alt.: im Eingangsbereich*) dafür aufgestellt wurde. Die Sammelbox hat die Aufschrift: „Fragebögen".

alternativ:

Stecken Sie bitte den ausgefüllten Fragebogen einfach in den beiliegenden Umschlag, und kleben Sie den Umschlag dann bitte zu. Geben Sie ihn beim nächsten Kontakt (*alt.: beim nächsten Hausbesuch*) bei einem unserer Mitarbeiter ab.

Angebot für Rückfragen

alternativ:

Wenn Sie Anmerkungen oder Fragen zu den Inhalten oder zum Ausfüllen des Fragebogens haben, sprechen Sie uns bitte an.

alternativ:

Bei Rückfragen oder Anmerkungen zum Fragebogen können Sie sich jederzeit an Frau/Herrn … wenden. Sie erreichen Frau/Herrn … unter der Telefonnummer …

Dankesformel

alternativ:

Wir bedanken uns recht herzlich für Ihre Teilnahme an der Befragung.

alternativ:

Herzlichen Dank für Ihre Unterstützung! Mit den Ergebnissen der Befragung ist es uns möglich, Ihre Zufriedenheit und Ihr Wohlbefinden auch im Sinne aller anderen Mitbewohner weiter zu erhöhen.

alternativ:

Vielen Dank für Ihre Unterstützung! Mit Ihrer Teilnahme an der Befragung tragen Sie dazu bei, die Qualität unserer Arbeit zu verbessern und ihre Zufriedenheit und die aller Mitbewohner zu erhöhen.

Alternativ (für Angehörigenbefragungen)

Vielen Dank für Ihre Unterstützung! Mit Ihrer Teilnahme an der Befragung geben Sie uns die Möglichkeit, Ihnen Ihren Alltag zu erleichtern und die schönen Stunden der Gemeinsamkeit mit Ihrem Angehörigen unbeschwerlich zu genießen.

Unterschrift
Geschäftsleitung und Pflegedienstleitung
Pflegedienstleitung und Qualitätsmanagementbeauftragte
Geschäftsleitung, Pflegedienstleitung und Heimbeirat
Pflegedienstleitung. Qualitätsmanagementbeauftragte, Heimbeirat

4.2.10 Beispiele für Anschreiben zur Befragung

Im Folgenden werden vier Beispiele für mögliche Anschreiben zu einer Befragung gegeben, die dem Fragebogen beigelegt werden können:

Beispiel 1: Anschreiben mit einem eher sachlichen Schreibstil.

Beispiel 2: Anschreiben, mit dem die Zielsetzung der Patientenzufriedenheit bereits im Anschreiben zum Ausdruck gebracht werden kann.

Beispiel 3: Anschreiben, mit dem erkennbar zum Ausdruck gebracht werden kann, auf welche Qualitätsaspekte sich die Befragung speziell bezieht.

Beispiel 4: Anschreiben an die Befragungsteilnehmer einer Angehörigenbefragung.

Die Beispiele unterscheiden sich hinsichtlich des Sprachstils und des Inhaltes bzw. Anlasses der Befragungen. Die Formulierungen zu den einzelnen Bestandteilen der Anschreiben sind den Textbausteinen entnommen, die in Abschn. *4.2.9 Wichtige Bestandteile eines Anschreibens* zusammengefasst sind. Um den Sprachfluss zu gewährleisten, wurden einige Formulierungen geringfügig angepasst. Die unterschiedlichen Beispiele sollen verdeutlichen, dass bereits die Anschreiben für eine Patientenbefragung entsprechend der Zielsetzung der Befragung verfasst werden können.

▶ **Zusatzmaterialien zum Buch** Zu den im Buch aufgeführten Inhalten gibt es eine Dateisammlung mit Zusatzmaterialien, die separat direkt beim Autoren bezogen werden können. Die Zusatzmaterialien enthalten vier Beispiele für begleitende Anschreiben an die befragten Pflegekunden. Zusätzliche Textbausteine ermöglichen die Entwicklung eigener Anschreiben mit allen erforderlichen Bestandteilen.

Die Zusatzmaterialien können direkt unter der E-Mail-Adresse: „e-mail@heinrichbolz.de" bestellt werden.

Beispiel 1: Anschreiben mit einem eher sachlichen Schreibstil

Patientenbefragung

Sehr geehrte Patientin, sehr geehrter Patient,

Um Ihre Wünsche und Anregungen in unserer Arbeit zu berücksichtigen, führen wir jedes Jahr eine Patientenbefragung durch.
Wir überreichen Ihnen heute diesen Fragebogen zur Beurteilung unserer Pflegeleistung. Auf den nächsten Seiten finden Sie verschiedene Aussagen zu unseren Leistungen. Wir würden von Ihnen gerne wissen, wie zufrieden Sie mit den dort aufgeführten Teilaufgaben unserer Arbeit sind.
Zu jeder Aussage haben wir verschiedene Antwortmöglichkeiten vorgeschlagen. Bitte geben Sie Ihr Kreuz immer derjenigen Antwort, die Ihrer persönlichen Erfahrung und Einschätzung am besten entspricht.
Ihre Teilnahme an der Befragung ist selbstverständlich freiwillig. Bitte entscheiden Sie vorher, ob Sie den Fragebogen ausfüllen wollen.
Die Befragung und ihre Auswertung erfolgen anonym. Wir können nach Erhalt des Fragebogens nicht erkennen, von wem er ausgefüllt wurde. Ein Rückschluss auf Ihre Person ist nicht möglich.
Stecken Sie bitte den ausgefüllten Fragebogen einfach in den beiliegenden Umschlag, und kleben Sie den Umschlag dann bitte zu.

Geben Sie ihn beim nächsten Hausbesuch bei einem unserer Mitarbeiter ab.

Wenn Sie Anmerkungen oder Fragen zu den Inhalten oder zum Ausfüllen des Fragebogens haben, sprechen Sie uns bitte an.

Wir bedanken uns recht herzlich für Ihre Teilnahme an der Befragung.

Ihre Pflegedienstleitung
(Unterschrift)

Beispiel 2: Anschreiben, mit dem die Zielsetzung der Patientenzufriedenheit bereits im Anschreiben zum Ausdruck gebracht werden kann

Ihre Zufriedenheit ist uns wichtig

Liebe Bewohnerinnen und Bewohner,

Es ist uns sehr daran gelegen, alle Ihre Erwartungen und Wünsche zu berücksichtigen. Deshalb bitten wir Sie ganz herzlich um Ihre persönliche Meinung. Wir möchten in unserer Pflegeeinrichtung eine Befragung durchführen, um festzustellen, wie zufrieden Sie mit unseren Leistungen sind. Deshalb bitten wir Sie, sich ein paar Minuten Zeit zu nehmen und den folgenden Fragebogen auszufüllen.

Der Fragebogen wurde von unseren Mitarbeitern entwickelt und in Zusammenarbeit mit dem Heimbeirat fertig gestellt. Auf den nächsten Seiten haben wir einige Aussagen zu unseren Leistungen formuliert. Wir würden von Ihnen gerne wissen, wie zufrieden Sie mit den dort aufgeführten Teilaufgaben unserer Arbeit sind.

Zu jeder Aussage haben wir mehrere Antwortmöglichkeiten vorgegeben. Kreuzen Sie in dem dazugehörigen Kästchen bitte an, welche Antwort Ihrer Meinung nach zutrifft. Da uns Ihre persönliche Meinung interessiert, gibt es auch keine „richtigen" oder „falschen" Antworten.

Ihre Teilnahme an der Befragung ist selbstverständlich freiwillig. Wenn Sie mitmachen, freuen wir uns schon jetzt darauf, von Ihren Erfahrungen und Antworten zu lernen.

Die Befragung wird streng vertraulich durchgeführt. Sie brauchen deshalb nicht zu befürchten, durch Ihre Antworten irgendwelche Nachteile zu erfahren. Vielmehr ist es unsere Absicht, Sie als Patienten und Bewohner zufrieden zu stellen.

Stecken Sie den ausgefüllten Fragebogen bitte in den beiliegenden Umschlag, und kleben Sie den Umschlag dann bitte zu. Werfen Sie ihn in die Sammelbox, die in Ihrem Wohnbereich dafür aufgestellt wurde. Die Sammelbox hat die Aufschrift: „Fragebögen".

Bei Rückfragen oder Anmerkungen zum Fragebogen können Sie sich jederzeit an Frau ... wenden. Sie erreichen Frau ... unter der Telefonnummer ....

Herzlichen Dank für Ihre Unterstützung! Mit den Ergebnissen der Befragung ist es uns möglich, Ihre Zufriedenheit und Ihr Wohlbefinden auch im Sinne aller anderen Mitbewohner weiter zu erhöhen.

Geschäftsleitung, Pflegedienstleitung und Heimbeirat
(Unterschriften)

Beispiel 3: Anschreiben, mit dem erkennbar zum Ausdruck gebracht werden kann, auf welche Qualitätsaspekte sich die Befragung speziell bezieht

Ihre Meinung ist uns wichtig

Sehr geehrte Bewohnerinnen und Bewohner,

Im Rahmen unseres Qualitätsmanagements möchten wir eine Patientenbefragung durchführen. Dadurch versprechen wir uns, von Ihnen zu erfahren, wie Sie Ihren Aufenthalt in unserer Pflegeeinrichtung erleben, und wie wir unsere Leistungen in Ihrem Sinne verbessern können.

Dabei interessiert uns besonders, wie zufrieden Sie mit Ihrer Pflege durch unsere Mitarbeiter sind. Außerdem möchten wir gerne in Erfahrung bringen, ob alle ihre persönlichen Wünsche in der Pflege berücksichtigt werden. Besonders am Herzen liegt uns außerdem, ob Ihnen unsere Freizeitangebote zusagen und welche weiteren Angebote für Sie wichtig wären.

Auf den nächsten Seiten finden Sie einen Fragebogen mit verschiedenen Aussagen und Fragen zu unseren Leistungen. Bitte geben Sie Ihr Kreuz immer derjenigen Antwort, die Ihrer persönlichen Erfahrung und Einschätzung am besten entspricht. Selbstverständlich ist Ihre Teilnahme freiwillig. Wenn Sie sich entscheiden, an der Befragung teilzunehmen, möchten wir Sie bitten, jede Frage zu beantworten. So können wir uns ein vollständiges Bild über Ihre Zufriedenheit und Bewertung unserer Leistungen machen. Wenn Sie eigene Kommentare abgeben möchten, oder wenn Sie uns sonst etwas mitteilen wollen, können Sie dies am Ende des Fragebogens gerne tun.

Ihre Antworten werden vertraulich und anonym ausgewertet. Es kann deshalb niemand erfahren, wie Sie die Fragen persönlich beantwortet haben. Um dies sicher zu stellen, stecken Sie bitte den ausgefüllten Fragebogen in den beiliegenden Umschlag und kleben diesen bitte zu. Geben Sie den Umschlag beim nächsten Kontakt bei einem unserer Mitarbeiter ab.

Bei Rückfragen oder Anmerkungen zum Fragebogen können Sie sich jederzeit an Frau/Herrn ... wenden. Sie erreichen Frau/Herrn ... unter der Telefonnummer ...

Vielen Dank für Ihre Unterstützung! Mit Ihrer Teilnahme an der Befragung tragen Sie dazu bei, die Qualität unserer Arbeit zu verbessern und ihre Zufriedenheit und die aller Mitbewohner zu erhöhen!

Ihre ... Pflegedienstleitung, Beauftragte für Qualitätsmanagement
Unterschriften

Beispiel 4: Anschreiben an die Befragungsteilnehmer einer Angehörigenbefragung

Damit wir noch besser für Sie da sein können

Sehr geehrte(r) Frau, Herr ...

Die Betreuung Ihres Angehörigen ist für Sie mit viel Mühe und Anstrengungen verbunden. Deshalb liegt es uns besonders am Herzen, Sie dabei zu unterstützen. Nicht immer ist es für Außenstehende klar ersichtlich, wie hoch Ihre täglichen Belastungen wirklich sind, und an welchen Stellen Sie wirksame Hilfe benötigen. Aus diesem Grund möchten wir Sie herzlich bitten, den beiliegenden Fragebogen auszufüllen.

Ziel der Befragung ist es, Anregungen zu erhalten, wie wir Sie bei der Pflege Ihres Angehörigen mehr unterstützen können. Dabei interessiert uns besonders, welche zusätzlichen Leistungen Sie von uns erwarten, um Ihnen Ihren Alltag zu erleichtern. Außerdem möchten wir gerne in Erfahrung bringen, wie zufrieden Sie mit der Zusammenarbeit mit unserer Pflegeeinrichtung sind. Dabei liegt uns besonders am Herzen, welche zusätzlichen Informationen Sie von uns wünschen, um Ihnen die Betreuung Ihres Angehörigen zu erleichtern.

Der Fragebogen enthält verschiedene Aussagen (bzw. Fragen) über die bisherige Zusammenarbeit mit Ihnen und Ihrem Angehörigen. Zu jeder Aussage (*bzw. Frage*) haben wir mehrere Antwortmöglichkeiten vorgegeben. Kreuzen Sie in dem dazugehörigen Kästchen bitte an, welche Antwort Ihrer Meinung nach zutrifft. Da uns Ihre persönliche Meinung interessiert, gibt es auch keine „richtigen" oder „falschen" Antworten.

Ihre Teilnahme an der Befragung ist selbstverständlich freiwillig. Wenn Sie mitmachen, freuen wir uns schon jetzt darauf, von Ihren Erfahrungen und Antworten zu lernen.

Ihre Antworten werden vertraulich und anonym ausgewertet. Es kann deshalb niemand erfahren, wie Sie die Fragen persönlich beantwortet haben. Um dies sicher zu stellen, stecken Sie bitte den ausgefüllten Fragebogen in den beiliegenden Umschlag und kleben diesen bitte zu. Geben Sie den Umschlag beim nächsten Kontakt bei einem unserer Mitarbeiter ab.

Bei Rückfragen oder Anmerkungen zum Fragebogen können Sie sich jederzeit an Frau/Herrn ... wenden. Sie erreichen Frau/Herrn ... unter der Telefonnummer ....

Vielen Dank für Ihre Unterstützung! Mit Ihrer Teilnahme an der Befragung geben Sie uns die Möglichkeit, Ihnen Ihren Alltag zu erleichtern und die schönen Stunden der Gemeinsamkeit mit Ihrem Angehörigen unbeschwerlich zu genießen.

Mit herzlichen Grüßen
Geschäftsleitung, Pflegedienstleitung
(Unterschriften)

4.3   Auswertung der Befragung

Nachdem die ausgefüllten Fragebögen eingesammelt wurden, besteht der nächste wichtige Schritt in der systematischen Erfassung und Auswertung der Befragungsergebnisse. Dazu empfiehlt es sich, mit einem Tabellenkalkulationsprogramm eine Tabelle anzulegen.

Im folgenden Beispiel (Tab. 4.1) wurden 30 Bewohner-/innen befragt. Der Fragebogen enthält 15 Items (Aussagen oder Fragen), für die *jeweils die gleiche Antwortskala* vorgegeben wurde.

In einem ersten Schritt wird für jedes Item die Anzahl der in der Befragung abgegebenen Antworten in die Tabelle eingetragen. Dazu werden aus jedem Fragebogen die abgegebenen Antworten je Item addiert. Im vorliegenden Beispiel wurde das Item 1 fünfmal mit „trifft zu", sechsmal mit „trifft eher zu", zehnmal mit „trifft teilweise zu" usw. beantwortet. Die Summe jeder Zeile muss die Zahl „30" ergeben, weil an der Befragung 30 Bewohner-/innen teilgenommen haben.

Tab. 4.1 Auswertung einer Befragung: Anzahl der abgegebenen Antworten je Item und je Antwort

	Trifft zu	Trifft eher zu	Trifft teilweise zu	Trifft eher nicht zu	Trifft nicht zu	Summe Antworten
Item 1	5	6	10	7	2	30
Item 2	4	5	8	6	7	30
Item 3	10	10	5	3	2	30
Item 4	8	8	7	4	3	30
Item 5	11	10	9	0	0	30
Item 6	12	8	3	4	3	30
Item 7	5	6	10	7	2	30
Item 8	4	5	8	11	2	30
Item 9	10	10	5	3	2	30
Item 10	8	8	7	4	3	30
Item 11	11	10	9	0	0	30
Item 12	12	8	3	4	3	30
Item 13	5	6	10	7	2	30
Item 14	4	5	8	6	7	30
Item 15	4	5	8	11	2	30
Summe	**113**	**110**	**110**	**77**	**40**	**450**

– Es wurden 30 Bewohner befragt
– Der Fragebogen besteht aus 15 Items
– Es wurde nur eine Art von Antwortskala verwendet
– Die Kästchen neben den Items beinhalten die Anzahl der von den Befragten abgegebenen jeweiligen Antworten

Die Summe in der letzten Zeile der Tabelle enthält die Anzahl der insgesamt abgegeben Antworten. So wurde die Antwort „trifft zu" insgesamt 113-mal vergeben, die Antwort „trifft eher zu" wurde 110-mal angekreuzt usw.

In einer ersten Auswertung sagt die Tabelle aus, dass die Antworten „trifft zu" und „trifft eher zu" insgesamt 223-mal (= 113 + 110) vergeben wurden. Insgesamt gab es also 223 Antworten mit positiver Zustimmung. Die Antworten „trifft eher nicht zu" und „trifft nicht zu" wurden insgesamt 117-mal angekreuzt. Die Anzahl der positiven Antworten liegt also deutlich höher als die Anzahl der negativen Antworten. Allerdings wurde die Antwort „trifft teilweise zu" insgesamt 110-mal vergeben. Dies deutet darauf hin, dass viele Befragte zumindest teilweise Mängel bei den befragten Sachverhalten sehen.

Diese gesamthafte und rein zahlenmäßig orientierte Betrachtung liefert jedoch nur einen ersten Anhaltspunkt über die grobe Antworttendenz in der Befragung. Entscheidend für die Auswertung ist die Betrachtung der einzelnen Items. Einmal angenommen, das Item 8 besteht aus der Aussage: „Wenn ich eine Frage an die Verwaltung habe, dann erreiche ich einen Ansprechpartner." Dieses Item wurde im obigen Beispiel **achtmal** mit „trifft teilweise zu", **11-mal** mit „trifft eher nicht zu" und **zweimal** mit „trifft nicht zu" beantwortet. Insgesamt gab es für diese Aussage also **21 Antworten**, die auf mögliche Probleme bei der Erreichbarkeit der Verwaltung der Pflegeeinrichtung hinweisen. Gemessen an der Gesamtzahl der Befragten sehen also **70 % der Befragungsteilnehmer** Probleme bei der Erreichbarkeit der Verwaltung. In ähnlicher Weise sollte nun vorgegangen werden, um jedes einzelne Item zu untersuchen. Eine Hilfestellung kann Tab. 4.2 leisten.

Tab. 4.2 Auswertung einer Befragung: Anzahl der Antworten je Item mit negativer Ausprägung

	Trifft zu	Trifft eher zu	Trifft teilweise zu	Trifft eher nicht zu	Trifft nicht zu	Summe negativer Antworten in %
Item 1	5	6	10	7	2	**63**
Item 2	4	5	8	6	7	**70**
Item 3	10	10	5	3	2	33
Item 4	8	8	7	4	3	47
Item 5	11	10	9	0	0	30
Item 6	12	8	3	4	3	33
Item 7	5	6	10	7	2	**63**
Item 8	4	5	8	11	2	**70**
Item 9	10	10	5	3	2	33
Item 10	8	8	7	4	3	47
Item 11	11	10	9	0	0	30
Item 12	12	8	3	4	3	33
Item 13	5	6	10	7	2	**63**
Item 14	4	5	8	6	7	**70**
Item 15	4	5	8	11	2	**70**
Summe	**113**	**110**	**110**	77	40	**50**

– Es wurden 30 Bewohner befragt
– Der Fragebogen besteht aus 15 Items
– Es wurde nur eine Art von Antwortskala verwendet
– Die Kästchen neben den Items beinhalten die Anzahl der von den Befragten abgegebenen jeweiligen Antworten

Die grau schattierten Felder zeigen die Antworten mit (teilweise) negativer Ausprägung. Die Werte über 50 % sind in der rechten Spalte noch einmal besonders hervorgehoben. Die Auswertung liefert eine gute Orientierung für die Überprüfung der befragten Inhalte und die Entwicklung möglicher Verbesserungsmaßnahmen.

Eine weitere Möglichkeit der Auswertung besteht in der **Betrachtung der Durchschnittswerte** der abgegebenen Antworten für die einzelnen Items:

In Tab. 4.3 wird jeder Antwort eine Punktzahl zugewiesen. Die positivste Ausprägung der Antwort erhält die Punktzahl 1, der negativsten Ausprägung wurde der Wert 5 zugeordnet. Beispiel: Wenn das Item: „Meine Wünsche werden bei der Planung und Durchführung der Pflege berücksichtigt" mit „trifft zu" beantwortet wurde, erhält diese positive Antwort die Punktzahl 1. Dementsprechend erhält die Antwort „trifft nicht zu" die Punktzahl 5.

Tab. 4.3 Auswertung einer Befragung: Anzahl der abgegebenen Antworten je Item und je Antwort

	Trifft zu	Trifft eher zu	Trifft teilweise zu	Trifft eher nicht zu	Trifft nicht zu	Summe Antworten
Punktzahl	1	2	3	4	5	
Item 1	5	6	10	7	2	30
Item 2	4	5	8	6	7	30
Item 3	10	10	5	3	2	30
Item 4	8	8	7	4	3	30
Item 5	11	10	9	0	0	30
Item 6	12	8	3	4	3	30
Item 7	5	6	10	7	2	30
Item 8	4	5	8	11	2	30
Item 9	10	10	5	3	2	30
Item 10	8	8	7	4	3	30
Item 11	11	10	9	0	0	30
Item 12	12	8	3	4	3	30
Item 13	5	6	10	7	2	30
Item 14	4	5	8	6	7	30
Item 15	4	5	8	11	2	30
Summe	**113**	**110**	**110**	**77**	**40**	**450**

– Es wurden 30 Bewohner befragt
– Der Fragebogen besteht aus 15 Items
– Es wurde nur eine Art von Antwortskala verwendet
– Für die Antworten wurden Punkte vergeben
– Die Punkteskala geht von 1 (positivster Wert) bis 5 (negativster Wert)
– Die Kästchen neben den Items beinhalten die Anzahl der von den Befragten abgegebenen jeweiligen Antworten

Die Durchschnittsbewertung je Item kann man berechnen, indem man

1. die Anzahl der abgegebenen Antworten für jede einzelne Antwortart mit der Punktzahl multipliziert
2. die so errechneten Werte für jede Antwortart des Items addiert und
3. die Summe durch die Anzahl der insgesamt abgegebenen Antworten für das Item dividiert.

Beispiel für die Errechnung des Durchschnittswertes für das Item 7

1. die Anzahl der abgegebenen Antworten für jede einzelne Antwortart wird mit der Punktzahl multipliziert

	Trifft zu	Trifft eher zu	Trifft teilweise zu	Trifft eher nicht zu	Trifft nicht zu
Punktzahl	1	2	3	4	5
Item 7	5×1	6×2	10×3	7×4	2×5
Wert	5	12	30	28	10

2. Die errechneten Werte für jede Antwortart des Items werden addiert und ergeben die Summe von 85.

	Trifft zu	Trifft eher zu	Trifft teilweise zu	Trifft eher nicht zu	Trifft nicht zu	Addition
Punktzahl	1	2	3	4	5	
Item 7	5×1	6×2	10×3	7×4	2×5	
Wert	5	12	30	28	10	85

3. Die Summe (85) wird durch die Anzahl der abgegebenen Antworten für das Item dividiert, und man erhält den Wert „2,8". So ergibt sich eine Art Durchschnittsnote je Item, die dem „Schulnotensystem" ähnlich ist.

Die Berechnung aller Durchschnittswerte erfolgt automatisch in Tab. 4.4.

Tab. 4.4 Auswertung einer Befragung: Durchschnittsbewertung je Item

	Trifft zu	Trifft eher zu	Trifft teilweise zu	Trifft eher nicht zu	Trifft nicht zu	Durch- schnitts -bewer- tung je Item
Punkt- zahl	1	2	3	4	5	
Item 1	5	12	30	28	10	2,8
Item 2	4	10	24	24	35	3,2
Item 3	10	20	15	12	10	2,2
Item 4	8	16	21	16	15	2,5
Item 5	11	20	27	0	0	1,9
Item 6	12	16	9	16	15	2,3
Item 7	5	12	30	28	10	2,8
Item 8	4	10	24	44	10	3,1
Item 9	10	20	15	12	10	2,2
Item 10	8	16	21	16	15	2,5
Item 11	11	20	27	0	0	1,9
Item 12	12	16	9	16	15	2,3
Item 13	5	12	30	28	10	2,8
Item 14	4	10	24	24	35	3,2
Item 15	4	10	24	44	10	3,1

Der Vergleich der Durchschnittswerte der Items in einem Frage-bogen ist nur sinnvoll, wenn für alle Items die gleiche Antwortskala besteht (wie im vorliegenden Beispiel mit „trifft zu", „trifft eher zu", „trifft teilweise zu", „trifft eher nicht zu" und „trifft nicht zu").

Ist dies der Fall, so kann man durch Umsortierung eine Reihen-folge der besten Durchschnittswerte ermitteln. Auf diese Weise las-sen sich Prioritäten für die nachträgliche Auswertung und mögliche Verbesserungsmaßnahmen im Rahmen des Qualitätsmanagements ableiten (vgl. Tab. 4.5).

Tab. 4.5 Auswertung einer Befragung: Sortierung der Durchschnittsbewertungen

	Trifft zu	Trifft eher zu	Trifft teilweise zu	Trifft eher nicht zu	Trifft nicht zu	Durch- schnitts- bewertung je Item
Punkt- zahl	1	2	3	4	5	
Item 5	11	20	27	0	0	1,9
Item 11	11	20	27	0	0	1,9
Item 3	10	20	15	12	10	2,2
Item 9	10	20	15	12	10	2,2
Item 6	12	16	9	16	15	2,3
Item 12	12	16	9	16	15	2,3
Item 4	8	16	21	16	15	2,5
Item 10	8	16	21	16	15	2,5
Item 1	5	12	30	28	10	2,8
Item 7	5	12	30	28	10	2,8
Item 13	5	12	30	28	10	2,8
Item 8	4	10	24	44	10	3,1
Item 15	4	10	24	44	10	3,1
Item 2	4	10	24	24	35	3,2
Item 14	4	10	24	24	35	3,2

Nicht immer ist es sinnvoll, für unterschiedliche Items die gleiche Antwortskala vorzugeben. Enthält ein Fragebogen unterschiedliche Antwortskalen für verschiedene Items, so kann es empfehlenswert sein, die betreffenden Items separat zu erfassen und auszuwerten (vgl. Tab. 4.6).

Tab. 4.6 Auswertungstabelle mit unterschiedlichen Antwortskalen

	Trifft zu	Trifft eher zu	Trifft teilweise zu	Trifft eher nicht zu	Trifft nicht zu
Item 1					
Item 2					
Item 3					
Item 4					
Item 5					
	Stimme voll zu	Stimme eher zu	Stimme teilweise zu	Stimme eher nicht zu	Stimme überhaupt nicht zu
Item 6					
Item 7					
Item 8					
Item 9					
	Immer	Oft	Gelegentlich	Selten	Nie
Item 10					
Item 11					
Item 12					
	Ja	Nein			
Item 13					
Item 14					
	Keinesfalls	Wahrscheinlich nicht	Vielleicht	Ziemlich wahrscheinlich	Ganz sicher
Item 15					

▶ **Zusatzmaterialien zum Buch** Zu den im Buch aufgeführten Inhalten gibt es eine Dateisammlung mit Zusatzmaterialien, die separat direkt beim Autoren bezogen werden können. Die vorgestellten Tabellen sind Bestandteil der Zusatzmaterialien. Die entsprechenden Formeln sind bereits vorprogrammiert, so dass die rechnerische Auswertung der eingetragenen Befragungsdaten automatisch erfolgt.

Die Zusatzmaterialien können direkt unter der E-Mail-Adresse: „e-mail@heinrichbolz.de" bestellt werden.

Literatur

Bortz J, Döring N (2006) Forschungsmethoden und Evaluation für Human- und Sozialwissenschaftler. Springer Medizin, Heidelberg

Buchhester S (2012) Der Patient als Kunde. Patientenzufriedenheit als Dienstleistung im Gesundheitsmanagement. AV Akademikerverlag, Saarbrücken

Helbig R (2003) Prozessorientierte Unternehmensführung. Physica, Heidelberg

Kerres A, Mühlbauer BH (2005) Empirische Sozialforschung im Gesundheitswesen – Methoden und Anwendungsbeispiele. In: Kerres A, Seeberger B (Hrsg) Gesamtlehrbuch Pflegemanagement. Springer Medizin, Heidelberg, S 117–157

Mayer HO (2009) Interview und schriftliche Befragung. Entwicklung, Durchführung und Auswertung. Oldenbourg Wissenschaftsverlag, München

Projektbericht 2008: Pflege-Charta Modul 3 (2008) Konkret Consult Ruhr in Zusammenarbeit mit der Leitstelle Altenpflege im Deutschen Zentrum für Altersfragen, Projektbericht 17. Juni 2008, Benchmarking mit der Pflege-Charta; „Die Charta der Rechte hilfe- und pflegebedürftiger Menschen als Basis für Qualität und Transparenz in der stationären Altenhilfe". Gefördert vom Bundesministerium für Familie, Senioren, Frauen und Jugend. http://pflege-charta-arbeitshilfe.de/fileadmin/de.pflege-charta-arbeitshilfe/content_de/Dokumente/material/M3-Bericht-zum-Praxisprojekt-stationaer.pdf. Zugegriffen: 12. Mai 2015

Raab-Steiner E, Benesch M (2010) Der Fragebogen. Von der Forschungsidee zur SPSS/PASW-Auswertung. Facultas Verlags- und Buchhandels AG, Wien

Schnell R, Hill PB, Esser E (2008) Methoden der empirischen Sozialforschung. Oldenbourg Wissenschaftsverlag, München

Schrank S (2004) Fragen Sie Ihre Patienten-bevor es der MDK tut. Kundenbefragung als Element der Qualitätssicherung in der ambulanten Pflege. Schlütersche Verlagsgesellschaft, Hannover

Wingenfeld K (2003) Studien zur Nutzerperspektive in der Pflege. Veröffentlichungsreihe des Instituts für Pflegewissenschaft an der Universität Bielefeld. http://www.unibielefeld.de/gesundhw/ag6/downloads/ipw-124.pdf. Zugegriffen: 12. Mai 2015

Wingenfeld K, Kleina T, Franz S, Engels D, Mehlan S, Engel H (2011) Entwicklung und Erprobung von Instrumenten zur Beurteilung der Ergebnisqualität in der stationären Altenhilfe. Abschlussbericht im Auftrag des Bundesministeriums für Gesundheit und des Bundesministeriums für Familie, Senioren, Frauen und Jugend. Universität Bielefeld, Institut für Pflegewissenschaft. Bielefeld Köln, März 2011. http://www.bagfw.de/fileadmin/user_upload/Abschlussbericht_Ergebnisqualitaet_ . pdf. Zugegriffen: 12. Mai 2015

Zinn W (2010) Patientenzufriedenheit. Theoretische Grundlagen-Besonderheiten der Messung-potentielle personengebundene Einflussfaktoren. Edition Winterwork, Borsdorf

Planungskonzept für eine Befragung von Pflegekunden

5

▶ Die Überlegungen der bisherigen Kapitel wurden mit der Absicht vorgetragen, die ethische, gesellschaftliche und marktbezogene Bedeutung von Patientenbefragungen sowie ihren Stellenwert im Rahmen des Qualitätsmanagements zu verdeutlichen. Ein wesentlicher Teilschritt besteht in der Festlegung der Ziele, die mit der Patientenbefragung erreicht werden sollen, und der begründeten Auswahl der relevanten Befragungsinhalte. Für die inhaltliche Verständlichkeit einer Befragung aus Patientensicht, sowie für ihre Aussagefähigkeit und Auswertbarkeit durch das Qualitätsmanagement, sind bei der Formulierung von Fragen bzw. Aussagen innerhalb des Fragebogens einige Regeln zu beachten. Weitere wichtige Vorüberlegungen für eine Patientenbefragung beziehen sich auf die Form der Befragung, die Festlegung und Vorbereitung der beteiligten Mitarbeiter, die Auswahl der Zielgruppe der Befragten, die Information der Befragungsteilnehmer sowie die Abfolge einzelner formaler organisatorischer Planungsschritte.

In der Tabelle „Planungskonzept für die Durchführung einer Befragung von Pflegekunden" werden auf Grundlage der Ausführungen in diesem Buch wesentliche Überlegungen und Planungsschritte für eine Patienten-

© Springer Fachmedien Wiesbaden 2016
H. Bolz, *Befragung von Pflegekunden,*
DOI 10.1007/978-3-658-10463-4_5

befragung zu einem Planungskonzept zusammengefasst. Das Planungskonzept kann als Arbeitsmittel für die Vorbereitung, Umsetzung und Steuerung des gesamten Prozesses einer Patientenbefragung hinzugezogen werden (Tab. 5.1).

Die Überlegungen der bisherigen Kapitel wurden mit der Absicht vorgetragen, die ethische, gesellschaftliche und marktbezogene Bedeutung von Patientenbefragungen sowie ihren Stellenwert im Rahmen des Qualitätsmanagements zu verdeutlichen. Ein wesentlicher Teilschritt besteht in der Festlegung der Ziele, die mit der Patientenbefragung erreicht werden sollen, und der begründeten Auswahl der relevanten Befragungsinhalte. Für die inhaltliche Verständlichkeit einer Befragung aus Patientensicht, sowie für ihre Aussagefähigkeit und Auswertbarkeit durch das Qualitätsmanagement, sind bei der Formulierung von Fragen bzw. Aussagen innerhalb des Fragebogens einige Regeln zu beachten. Weitere wichtige Vorüberlegungen für eine Patientenbefragung beziehen sich auf die Form der Befragung, die Festlegung und Vorbereitung der beteiligten Mitarbeiter, die Auswahl der Zielgruppe der Befragten, die Information der Befragungsteilnehmer sowie die Abfolge einzelner formaler organisatorischer Planungsschritte.

In der Tabelle „Planungskonzept für die Durchführung einer Befragung von Pflegekunden" werden auf Grundlage der Ausführungen in diesem Buch wesentliche Überlegungen und Planungsschritte für eine Patientenbefragung zu einem Planungskonzept zusammengefasst. Das Planungskonzept kann als Arbeitsmittel für die Vorbereitung, Umsetzung und Steuerung des gesamten Prozesses einer Patientenbefragung hinzugezogen werden (Tab. 5.1).

Tab. 5.1 Planungskonzept für die Durchführung einer Befragung von Pflegekunden

Thema	Inhalt(e)	Zuständigkeiten Termine Anmerkungen
Verantwortlichkeit	Gesamtverantwortung: Pflegedienstleitung	
Beauftragte	Eigene Mitarbeiter	
	Zeitbudget der Mitarbeiter	
	Freie Mitarbeiter	
	Externes Unternehmen	
Schulung Mitarbeiter	…in ihrer Rolle als Anwesende bei der Befragung	
	…in ihrer Rolle als Interviewer	
Ziele	Ethisch begründete Ziele	
	Reflexion der eigenen Vorgehensweise	
	Stärkung der Patientenorientierung	
	Vertrauensaufbau zwischen Patient und Pflegeeinrichtung	
	Mitwirkungsmöglichkeit für Patienten schaffen	
	Förderung der Mitarbeiterorientierung und –motivation	
	Verantwortungsgefühl der Führungskräfte und Mitarbeiter für Patientenzufriedenheit stärken	

Tab. 5.1 (Fortsetzung)

Thema	Inhalt(e)	Zuständigkeiten Termine Anmerkungen
Ziele	Qualitätsmanagement	
	Bestätigung der vorhandenen Qualität	
	Erfassung der aus Patientensicht relevanten Qualitätsmerkmale	
	Informationsgewinnung aus erster Hand	
	Selbstanalyse, Eigenbewertung	
	Sicherstellung einer qualitätsorientierten Pflege	
	Verbesserungsbedarf und Fehlerquellen erkennen	
	Vorbereitung auf MDK-Prüfung, Nachweis eigener QM-Anstrengungen	
	Vorbeugung von Beschwerden, Vermeidung ‚böser Überraschungen'	
Ziele	Führungsziele	
	Gewinnung neuer Ansätze für Führung und Personalentwicklung	
	Mitarbeiterzufriedenheit und Motivation	
	Organisatorische Schwachstellen ermitteln	
	Qualifizierungsbedarf feststellen und begründen	
	Veränderungsbedarf aufzeigen	
	Verantwortungsbewusstsein der Mitarbeiter stärken	

Tab. 5.1 (Fortsetzung)

Thema	Inhalt(e)	Zuständigkeiten Termine Anmerkungen
Ziele	Marketing	
	Differenzierung gegenüber der Konkurrenz	
	Imageaufbau, Positive Außenwirkung	
	Neue Leistungsangebote entwickeln	
	Neue Patienten gewinnen	
	Patientenzufriedenheit	
	Positive Mundpropaganda, Empfehlung	
Zielgruppe	Ambulante Patienten	
	Vollstationäre Patienten/Bewohner	
	Teilstationäre Patienten/Bewohner	
	Angehörige	
	Gesetzliche Betreuer	
	Kurzzeitpatienten/-bewohner	
	Betreutes Wohnen	
	Seniorenwohngemeinschaften	

Tab. 5.1 (Fortsetzung)

Thema	Inhalt(e)	Zuständigkeiten Termine Anmerkungen
Konzeption des Fragebogens	Auswahl der Befragungsinhalte	
	Entwicklung der Items (Fragen und Statements)	
	Gestaltung des Fragebogens	
	Verständlichkeit im Aufbau	
	Ästhetik	
	Deckblatt	
	Gut lesbare Schrift	
	Hinweis auf Anonymität der Befragung	
	Hinweis auf Freiwilligkeit der Teilnahme	
	Ausfüllanleitung	
	Fragen und Antworten immer auf einer Seite	
	Hinweis auf die Möglichkeit eigener Bemerkungen	
	Dankesformel	
Information über die Patientenbefragung	**Wen:**	
	Mitarbeiter der Pflegeeinrichtung	
	Heimbeirat	
	Patienten	
	Angehörige	
	Betreuer	

Tab. 5.1 (Fortsetzung)

Thema	Inhalt(e)	Zuständigkeiten Termine Anmerkungen
Information über die Patientenbefragung	**Worüber:**	
	Ziele und Inhalte	
	Organisatorischer und zeitlicher Ablauf	
	Wichtigkeit der Patientenmeinung	
	Anonymität der Befragung	
	Freiwilligkeit der Teilnahme	
	Ansprechpartner bei Unklarheiten	
	Ergebnisse der Befragung	
Information über die Patientenbefragung	**Wie:**	
	im Fragebogen	
	Informationsnachmittag	
	Teambesprechung	
	Anschreiben	
	Aushang	
	Im persönlichen Gespräch	

Tab. 5.1 (Fortsetzung)

Thema	Inhalt(e)	Zuständigkeiten Termine Anmerkungen
Sicherstellung der Vertraulichkeit	Fragebogen ohne persönliche Angaben, die Rückschlüsse auf die befragte Person oder einzelne Mitarbeiter zulassen Aufstellen einer Antwortbox Verschließbare Rückumschläge …bei der Erfassung und Zusammenführung der Ergebnisse	
Wichtige Bestandteile eines Anschreibens	– Anrede – Überschrift – Neutrale Einleitung – Aufforderung zum Ausfüllen des Fragebogens – Ausführungen zum Inhalt des Fragebogens – Erläuterungen zum Ausfüllen des Fragebogens – Hinweise zur Freiwilligkeit der Teilnahme an der Befragung – Zusicherung von Anonymität und Vertraulichkeit – Hinweise zur Abgabe des Fragebogens – Angebot für Rückfragen – Dankesformel – Unterschrift	

Tab. 5.1 (Fortsetzung)

Thema	Inhalt(e)	Zuständigkeiten Termine Anmerkungen
Organisation	Zeitpunkt und Zeitraum der Befragung	
	Zustellung und Einsammlung der Befragungsunterlagen. Wie und durch wen?	
	Kennzeichnung organisatorischer Bereiche	
	Erfassung und Zusammenstellung der Befragungsergebnisse. Wie und durch wen?	
	Kommunikation der Befragungsergebnisse an Patienten, Angehörige und Mitarbeiter	
	Nachbesprechung und Auswertung der Ergebnisse. In welchen Gremien?	
Auswertung der Befragung	Erstellung einer Auswertungstabelle mit Hilfe eines Tabellenkalkulationsprogrammes	
	Auszählung der Befragungsergebnisse	
	Eintragung der Befragungsergebnisse in die Tabelle und Interpretation der Ergebnisse	

▶ **Zusatzmaterialien zum Buch** Zu den im Buch aufgeführten Inhalten gibt es eine Dateisammlung mit Zusatzmaterialien, die separat direkt beim Autoren bezogen werden können. Das vorgestellte Planungskonzept ist Bestandteil der Zusatzmaterialien. Es kann als Arbeitsmittel für die Vorbereitung, Umsetzung und Steuerung des gesamten Prozesses einer Patientenbefragung hinzugezogen werden.

Die Zusatzmaterialien können direkt unter der E-Mail-Adresse: „e-mail@heinrichbolz.de" bestellt werden.

Zusammenfassung 6

Das vorliegende Buch ist mit der Zielsetzung entstanden, Führungskräften und Verantwortlichen für das Qualitätsmanagement in Pflegeeinrichtungen eine Hilfestellung für die Erarbeitung einer Patienten-, Bewohner- oder Angehörigenbefragung zu bieten.

Eine wichtige Aufgabe im Rahmen der Vorbereitung einer Patientenbefragung besteht darin, diejenigen Ziele zu definieren, die die Pflegeeinrichtung mit der Befragung verbindet (Kap. 2). Die verfolgten Ziele sind zum einen ausschlaggebend für die Auswahl der Befragungsinhalte. Weiterhin folgt aus den Zielen, in welchem Teilbereich einer Pflegeeinrichtung (z. B. Ambulante Pflege, Stationäre Pflege, Tagespflege usw.) die Befragung stattfinden soll und welcher Personenkreis (Patienten, Angehörige oder Betreuer) befragt werden soll. Die Zielsetzungen lassen sich zu vier Zielkategorien zusammenfassen:

- *Ethisch begründete Zielsetzungen*
- *Zielsetzungen, die für das Qualitätsmanagement wichtig sind*
- *Zielsetzungen, die die Führung der Mitarbeiter und der Organisation betreffen*
- *Marktorientierte Zielsetzungen bzw. Marketingziele.*

© Springer Fachmedien Wiesbaden 2016
H. Bolz, *Befragung von Pflegekunden*,
DOI 10.1007/978-3-658-10463-4_6

Für die Verständlichkeit einer Befragung aus Patientensicht, sowie
für ihre Aussagefähigkeit und Auswertbarkeit durch das Qualitätsmanagement, sind bei der Formulierung von Fragen bzw. Aussagen innerhalb des Fragebogens einige Regeln zu beachten (Kap. 3).
Neben der Wahl der Fragenart und der dazu passenden Antwortmöglichkeiten sind besonders diejenigen Kriterien von Bedeutung, die
eine Auswirkung auf Verständlichkeit und Auswertbarkeit von Items
haben. Als wichtige Kriterien können die *sprachliche* und *inhaltliche* Verständlichkeit, die *Interpretationsfähigkeit* sowie die *Eindimensionalität* von Items genannt werden. Weiterhin ist es wichtig,
auf doppelte Verneinungen zu verzichten, hypothetische Fragen und
Suggestivfragen zu vermeiden, keine Sequenzeffekte durch die Abfolge der Items zu verursachen und die Items mit Blick auf die Zielgruppe nicht zu schwierig zu gestalten. Zur Vermeidung einer mög-
lichen Belastung der Befragten sollte der Fragebogen nicht zu lang
sein. Zu empfehlen ist weiterhin, die Items vor Verwendung mehrfach zu testen und in einer Ausfüllanleitung Hinweise bzw. Beispiele
für die Fragenbeantwortung zu geben.

Die Vorbereitung und Durchführung einer Patientenbefragung beinhaltet eine detaillierte Planung der einzelnen Teilschritte (Kap. 4).
Wichtige Vorüberlegungen bestehen darin, die Form die Befragung
auszuwählen (Interview oder Fragebogen), die konkreten Inhalte
der Befragung festzulegen, einen entsprechenden Fragebogen zu
entwickeln, die beteiligten Mitarbeiter zu bestimmen und vorzubereiten, die Zielgruppe der Befragten auszuwählen, die Befragungsteilnehmer zu informieren sowie einzelne formale organisatorische
Planungsschritte zu durchdenken. Letztere beziehen sich im Wesentlichen auf die Fragen, zu welchem Zeitpunkt und in welchem
Zeitraum die Befragung durchgeführt werden soll, wie und durch
wen die Befragungsunterlagen den Befragten zugestellt und wieder
eingesammelt werden, und wie die Befragungsergebnisse unterschiedlichen organisatorischen Bereichen zugeordnet werden können, ohne dass Rückschlüsse auf einzelne Patienten oder Mitarbeiter
möglich sind. Schließlich sollte geklärt werden, wie und durch wen

die Befragungsergebnisse erfasst und zusammengestellt werden und in welchen Gremien die Befragungsergebnisse besprochen und ausgewertet werden.

Die in diesem Buch beschriebenen inhaltlichen und organisatorischen Bestandteile einer Patientenbefragung lassen sich zu einem Planungskonzept zusammenfassen (Kap. 5). Das Planungskonzept kann als Grundlage für die Vorbereitung, Umsetzung und Steuerung des gesamten Prozesses einer Patientenbefragung hinzugezogen werden.

Sachverzeichnis

© Springer Fachmedien Wiesbaden 2016
H. Bolz, *Befragung von Pflegekunden,*
DOI 10.1007/978-3-658-10463-4

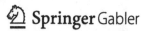

Printed in the United States
By Bookmasters